Mon année de CP

SUPPLÉMENT PARENTS

- Le programme de l'année du CP
- 30 dictées progressives en lien avec chaque notion de français
- Les corrigés de tous les exercices

bordas

Mon année de CP

Le programme
pages 4-5

Les dictées
pages 6-11

Les corrigés
pages 12-22

Connaître le programme du CP

Le CP en questions

Quel est le principal objectif du CP ?

Le CP est la première classe du cycle des apprentissages fondamentaux (cycle 2). C'est un cap important car votre enfant n'apprendra plus uniquement par le biais de jeux ou d'ateliers créatifs comme en Grande Section de maternelle.

Il va désormais aussi faire comme les « grands » : rester assis à sa place pour travailler, lever le doigt pour parler et être attentif.

Il va également devoir assumer un travail suivi entre la classe et la maison. Mais quelle joie il éprouvera d'apprendre à lire, à écrire, à compter et à communiquer.

Quel est le temps prévu pour chaque matière dans le programme officiel ?

Les horaires officiels sont construits sur une base hebdomadaire de 24 heures.

En fonction de ses objectifs pédagogiques, chaque enseignant peut ainsi organiser la semaine de cours.

Horaires hebdomadaires	
• Français	10 h
• Mathématiques	5 h
• Questionner le monde	1 h 30
• EMC	1 h
• Langue vivante	1 h 30
• Enseignements artistiques	2 h
• Éducation physique et sportive	3 h

Comment mon enfant est-il évalué ?

Tout au long de l'année, l'enseignant réalise ses propres évaluations pour adapter au mieux son enseignement.

Régulièrement, il complète un livret scolaire qui vous informe sur le positionnement de votre enfant au regard des objectifs d'apprentissage.

Le socle commun de compétences : qu'est-ce que c'est ?

- Il définit un ensemble de **connaissances, de compétences et de culture** que chaque élève doit acquérir pour réussir sa scolarité.

- Il s'organise en **5 domaines** :

– les langages pour penser et communiquer (français, anglais, langage mathématique, langages des arts et du corps) ;

– les méthodes et les outils pour apprendre ;

– la formation de la personne et du citoyen (l'apprentissage de la vie en société) ;

– les systèmes naturels et les systèmes techniques (les fondements de la culture mathématique, scientifique et technologique) ;

– les représentations du monde et l'activité humaine (l'espace géographique et le temps historique.)

Les compétences travaillées

→ Français

- ✗ Comprendre et s'exprimer à l'oral
- ✗ Lire
- ✗ Écrire
- ✗ Comprendre le fonctionnement de la langue

→ Maths

- ✗ Nombres et calculs
- ✗ Grandeurs et mesures
- ✗ Espace et géométrie

→ Enseignement moral et civique

Le programme prend en compte quatre dimensions :

- ✗ La sensibilité : exprimer ses émotions et ses sentiments
- ✗ La règle et le droit : les règles du vivre ensemble
- ✗ Le jugement : les choix moraux rencontrés par chacun au cours de sa vie
- ✗ L'engagement : esprit d'autonomie, de coopération et de responsabilité vis-à-vis d'autrui

→ Questionner le monde

- ✗ Questionner l'espace et le temps
- ✗ Explorer les organisations du monde
- ✗ Questionner le monde du vivant, de la matière et des objets

→ Anglais

- ✗ Comprendre l'oral
- ✗ Prendre part à une conversation
- ✗ Découvrir quelques aspects culturels d'une langue vivante étrangère et régionale

Bon à savoir

De la GS au CP : ce qui change

→ Association de lettres pour produire des sons, découverte de la correspondance son/lecture et des différentes écritures d'un son.

→ Familiarisation avec les premières règles d'orthographe (féminin, pluriel) et étude de mots outils (avec, dans, les...).

30 dictées

pour améliorer son orthographe

Pour accompagner votre enfant dans l'apprentissage de la lecture et de l'écriture, vous trouverez ici **30 dictées** à lui faire faire tout au long de l'année. Ces dictées suivent la progression de votre enfant, chacune ayant un lien avec une notion de français vue dans l'ouvrage.

Pour savoir quelle dictée faire avec votre enfant, reportez-vous aux pages de français et à ce cartouche : **DICTÉE 1 → LIVRET PARENTS p.6**

- Dans les **dictées 1 à 22**, il s'agit de l'**apprentissage des sons** qui passe par différentes étapes : syllabes simples, mots simples reprenant ces syllabes, puis courtes phrases simples.
- Les dictées de syllabes et de mots se pratiquent en général **de septembre à décembre**. Les dictées de petites phrases commencent **fin décembre ou en janvier**.
- Les **dictées 23 à 30** abordent des notions plus grammaticales : des mots outils ou invariables, puis de courtes phrases mettant en pratique les débuts de la conjugaison.

Dictée 1

→ les lettres

Votre enfant doit écrire les lettres de la première colonne en capitales d'imprimerie, celles de la seconde en cursive.

b	c
l	f
m	g
s	k
v	p
z	r
d	t
n	x

Dictée 2

→ les sons « a, e, i, u »

Commencez à dicter la colonne de gauche, puis la colonne de droite.

i	ou
o	oui
a	au
u	une oie
e	un yoyo
y	l'eau

Dictée 3

→ les sons « p, b, t, d »

ta	un tube
pu	la date
be	la patate
ci	un boa
po	le papa
bu	une tape
co	le pirate
tu	la botte

Dictée 4

→ le son « o »

beau	la moto
grosse	l'eau
bravo	une chaussure
chaude	le loto
aussi	la peau
rose	la sauce
jaune	une auto
allo	un manteau

Dictée 5

→ les sons « l, m, n, r »

li	la lune
na	une mare
ro	une mule
mu	la banane
ne	la route
ri	une tirelire
lu	la tomate
mo	le rire

Dictée 6

→ les sons « é, è »

lé	la fusée
nè	la flèche
ré	la forêt
té	la neige
vè	une fée
bè	le boulanger
pé	la tête
pè	l'été

Dictée 7

→ les sons « s, z »

zéro	une chemise
rose	la classe
refuser	le prince
aussi	un zèbre
onze	le magasin
reçu	un glaçon
choisir	le cinéma
visiter	une trousse

Dictée 8

→ les sons « ou, on »

lou	une poule
rou	un ours
ton	le monde
chon	un cochon
bou	un loup
don	un bourdon
mon	des bonbons
dou	le poisson

Dictée 9

→ les sons « in, an »

la main • la peinture • une dent • une dinde • un panda • cinq

La moto roule dans la nuit. • J'aime les olives noires. • Nina rate une marche. • Lino achète un robot et un nounours. • La maison est loin.

Dictée 10

→ les sons « f, v »

un vélo • le pavé • les olives • la fin • une photo • la fête

Elle va vite. • Valérie a fini sa valise. • Les girafes ont faim. • Il a vu des dauphins. • Mon vélo est devant moi. • C'est la fin du film.

Dictée 11

→ le son « ch »

le chat • un chemin • acheter • un château • chez • la vache

Le chien se couche. • La niche est verte. • Il regarde la chouette. • Charles achète des chaussures. • Elle ouvre la bouche. • Vous mangez du chou.

Dictée 12

→ le son « j »

le judo • une cage • la jupe • l'argent • le genou • un journal

Je monte sur le manège. • Jules joue. • Le jardin est joli. • Nous allons à la plage. • La girafe est grande. • La luge glisse sur la neige.

Dictée 13

→ les sons « k, g »

la gare • un gâteau • la cabane • un légume • la colère • un coq

Caroline regarde le phoque. • Le koala est calme. • Mon cartable est grand. • Il y a quatre garçons. • Je colle le côté. • Ma gomme est grise.

Dictée 14

→ les sons « eu »

un œuf • le feu • un cœur • la couleur • le facteur • l'ordinateur

J'ai peur. • C'est jeudi. • Elle a deux sœurs. • Les pneus sont neufs. • Je préfère le bleu. • Elle a des nœuds dans les cheveux.

Dictée 15

→ les sons « oi, ion, oin »

le roi • un soir • attention • un avion • loin • un coin

Le camion est noir. • Je dessine des points. • C'est la bonne direction. • Je vois un lion. • Elle regarde la télévision. • Il va pleuvoir.

Dictée 16

→ les sons « ier, ien, ieu »

un cahier • le magicien • le milieu • un panier • un musicien • rien

Le collier est doré. • C'est mieux. • Mon chien ronge un os. • Il est vieux. • Le maître demande de colorier. • Je travaille bien.

Dictée 17

→ le son « gn »

mignon • la campagne • le gagnant • la cigogne • le cygne • la baignoire

Il gagne la course. • Elle a peur des araignées. • Agnès ramasse des champignons. • J'aime la montagne. • Maman signe mon cahier. • Le chien grogne.

Dictée 18

→ les sons « ail, eil, euil »

un rail • le soleil • le chevreuil • meilleur • un écureuil • un éventail

Le réveil sonne. • J'ai sommeil. • Ils partent au travail. • Le portail est ouvert. • Elle regarde un détail. • Le fauteuil est usé.

Dictée 19

→ les sons « aille, eille, euille »

la feuille • une paille • l'oreille • une bouteille • une bataille • des groseilles

La corbeille est pleine. • On taille l'arbre. • Je ramasse les feuilles. • L'abeille butine les fleurs. • Il gagne une médaille. • Elle est vieille

Dictée 20

→ le son « elle »

elle • belle • une échelle • la poubelle • des semelles • une pelle • la coccinelle

Les jumelles dorment. • La sauterelle est verte. • Il a la varicelle. • La vaisselle est sale. • Léa va à l'école maternelle. • Je joue à la marelle.

Dictée 21

→ les sons « erre, esse »

la terre • la maîtresse • une pierre • la tigresse • la tristesse • le lierre

Léo a cassé un verre. • Maman tresse mes cheveux. • Je donne mon adresse. • Mon frère presse un citron. • Le chien déterre un os. • Il serre un boulon.

Dictée 22

→ le son « ette »

une fourchette • une noisette • les chaussettes • une devinette • la crevette • une couette

La poussette est rouge. • Les assiettes sont sur la table. • Je mange une gaufrette. • La tartelette est bonne. • Juliette est coquette. • Il joue de la trompette.

Dictée 23

→ le temps et le lieu d'un récit

demain • aujourd'hui • hier dans • en • sur

L'histoire se passe dans une forêt. • Les robots vivent sur une planète. • Le petit chaperon rouge va chez sa mamie. • Le film se déroule dans le futur. • La princesse habite dans un château. • Les dinosaures ont disparu il y a longtemps.

Dictée 24

→ la phrase

Je gagne. • Nous chantons. • Vous écrivez. • Tu joues. • Elle travaille. • Ils regardent.

J'ouvre un livre. • Elle mange une glace. • Les enfants entrent dans la classe. • Vous mangez du chocolat. • Les motos sont devant la maison.

Dictée 25

→ le verbe

Je glisse. • Elles aident. • On explique. • Il gagne. • Ils entrent. • Elle arrive.

Le lion avance. • Théo prépare un gâteau. • Il ferme la porte. • Les musiciens répètent. • Les joueurs avancent vers le but. • On range nos affaires.

Dictée 26

→ le nom

des lapins • la banane • Paris • un ami • les cahiers • la France

C'est une fille. • La cage est cuverte. • Mes cousins habitent à Paris. • Les vagues arrivent sur la plage. • Il y a des singes. • On mange des cerises.

Dictée 27

→ les verbes « être » et « avoir »

Nous avons. • Ils sont. • Je suis. • Elle a. • Tu as. • Tu es.

J'ai 7 ans. • Elle est en CP. • Vous avez un cahier bleu. • Nous sommes en avance. • Elles ont les cheveux longs. • Vous êtes à la piscine.

Dictée 28

→ les familles de mots

grand • un cheval • le jardin • laver • riche • une fleur

Ma sœur est grande. • Les chevaliers arrivent au château. • Le jardinier plante des roses. • Je lave la vaisselle. • Le roi possède de grandes richesses. • Lucas entre chez la fleuriste.

Dictée 29

→ les mots outils

dans • sur • avec • qui • chez • enfin

Elle porte son cartable. • Il y a du soleil. • C'est l'heure de partir. • Voici mon père. • Ce n'est pas mon copain. • Tout le monde chante ensemble.

Dictée 30

→ le vocabulaire scolaire

le maître • les cahiers • ma trousse • la cantine • son cartable • des crayons

Je colorie le chat. • La cour est à côté de la classe. • Zoé colle une feuille. • Ma règle est par terre. • La maîtresse explique la consigne. • Les élèves copient la phrase.

Corrigés

Français

1 pages 12-13

1. Papa – un biberon – l'animal – des papiers – Alexis – le Portugal. **2.** Relier les lettres n et n, m et m, b et b, d et d, p et p. **3.** Entourer : 6, 6 et 5.

BILAN Compléter avec a – e – g – m – n – o – r – u – v – x – z.

2 pages 14-15

1. Entourer en rouge : salade et lapin ; en bleu : sucre et ceinture.

2. En rouge : cirque et bougie ; en bleu : genou et cheval. **3.** Une girafe – une cerise – une fusée.

BILAN la ruche – le pirate – une rame.

3 pages 16-17

1. Entourer en rouge : portail et pouce ; en bleu : beurre et bague. **2.** En rouge : tente et moto ; en bleu : dix et dauphin. **3.** On entend le son : d – b – t.

BILAN Un tableau – un disque – la tulipe – un balai – un pigeon – une bulle.

4 pages 18-19

1. Entourer : bateau – chameau – oiseau – robot. **2.** Un escargot – la coccinelle – un crapaud – l'astronaute – le manteau. **3.** Un crocodile – un agneau.

BILAN Je vois o dans : du chocolat – le métro – le polo. Je vois au dans : un dauphin – la taupe – la chaussette. Je vois eau dans : un drapeau – un seau.

5 pages 20-21

1. Entourer en bleu : baleine, salade et île ; en rouge : rame. **2.** Un chameau – une banane – un navet. **3.** On entend le son : r – l – m.

BILAN Un rideau – une souris – une fourmi.

6 pages 22-23

1. Entourer en rouge : du papier – une médaille ; en bleu : un balai – la fenêtre – une règle – un peigne – le manège. **2.** Entourer : un sifflet – la forêt – du lait – treize – le gruyère – la tête.

BILAN J'entends é dans : un bébé – une poupée – le boucher – manger. J'entends è dans : mon père – la fenêtre – une reine – la semaine.

7 pages 24-25

1. Entourer en bleu : poisson et serpent ; en rouge : ardoise et oiseau. **2.** Entourer : du savon – le pouce – un masque – la princesse – le soleil.

BILAN Une tasse – un coussin – une passoire – une cerise – la fusée.

8 pages 26-27

1. Entourer en rouge : une bouteille – un bouton – un hibou ; en bleu : du savon – un cochon – un bouton – un pompier. Il y a deux intrus : une tomate – un bonnet. **2.** une toupie – un champignon – un bouchon.

BILAN Faux – vrai – faux – vrai.

9 pages 28-29

1. Entourer : un coussin – une main – une ceinture – une princesse. **2.** Entourer : une dent – un panda – la cantine – le manteau. **3.** Ceinture – sapin– demain – moulin.

BILAN Vrai – faux – vrai – faux.

10 pages 30-31

1. Du savon – un verre – la fusée – une girafe. **2.** Tu entends : « frai » – « vre » – « fre » – « vre ».

BILAN Une fée – la valise – un dauphin – un cheval.

11 pages 32-33

1. Les jambes – le bouchon – le genou. **2.** **1.** PARACHUTE. **2.** CHOCOLAT. **3.** COCHON. **4.** CHEVAL. **5.** BOUGIE. **6.** CHAT. **7.** JUPE. **8.** GIRAFE. **9.** LUGE.

BILAN Un parachute – une luge.

12 pages 34-35

1. Une bague – une brique – un cirque – une vague – un disque. **2.** Tu entends :

« cro » – « cra » – « gle » – « gli ».
BILAN Faux – faux – vrai – vrai.

13 pages 36-37

1. Entourer : le facteur – une fleur – un bœuf – des œufs. 2. Je vois eu dans : un feutre – le plongeur. Je vois œu dans : un nœud – un cœur. 3. Un pneu – un tracteur – sa sœur.
BILAN Vrai – vrai – faux.

14 pages 38-39

1. Relier « oi » à : poisson et passoire ; « ion » : lion ; « oin » : coin. 2. Du papier – un magicien – le vieux monsieur.
BILAN Faux – faux – vrai – vrai.

15 pages 40-41

1. Entourer : oignon, agneau et peigne.
2. le trognon – la baignoire – la ligne.
BILAN Le médecin soigne les malades. Lucas se baigne dans la mer. Elle gagne la course. Je ne grignote pas entre les repas.

16 pages 42-43

1. Relier « ail » à : ail ; « eil » : oreille ; « euil » : feuille et chevreuil. 2. Chevreuil – abeille – soleil.
BILAN Un réveil – un fauteuil – une feuille – le portail – une médaille – la corbeille.

17 pages 44-45

1. Relier « elle » à : coccinelle ; « ette » : trompette ; « erre » : lierre ; « esse » : tresse. 2. Barrer : une pelle – le lierre – des allumettes – la doctoresse.
BILAN une échelle – une pierre – la maîtresse – la terre – des lunettes – une ogresse.

18 pages 46-47

1. Le titre du livre est *La tour Eiffel a des ailes*. Le nom de l'auteur est Mymi Doinet. Le nom de l'illustrateur est Aurélien Débat. Le nom de l'éditeur est Nathan.
2. Le personnage principal de l'histoire est Crapouillotte. On parle de Crapouillotte, la chouette et le chat, il faut barrer Max et le chien. Plus personne ne veut jouer avec elle parce qu'elle est maladroite.
BILAN Vrai – vrai – faux – faux.

19 pages 48-49

1. Cocher : sa tête – ses yeux – ses ailes – ses griffes. 2. Faux – Vrai – Vrai. 3. Il se nourrit de petits rongeurs : **sa nourriture**. – Il ulule : « Hou ! Hou ! Hou ! » : **son cri**. – Il vole silencieusement : **ses déplacements**.
BILAN L'ours est puissant et souple : **son apparence**. – Il vit dans une grotte : **son habitat**. – Il se déplace à quatre pattes : **ses déplacements**. – Il mange des animaux, mais préfère les plantes et les fruits : **sa nourriture**.

20 pages 50-51

1. Cocher : Élise – la maîtresse – Tom.
2. C'est un garçon. Il est le frère d'Élise. Tom – C'est une femme qui enseigne à l'école. La maîtresse – C'est une petite fille. Son doudou est un ourson. Élise.
3. **Élise :** J'adore mon nounours ! – **Tom :** Vite ! On est en retard ! – **La maîtresse :** Je te remets la médaille du « Code de la route ».
BILAN Vrai – faux – vrai – vrai.

21 pages 52-53

1. **Temps :** jadis – aujourd'hui – dans le futur – la semaine prochaine – en 2018. **Lieu :** dans les étoiles – au jardin – sur un bateau – à la plage – en France. 2. Barrer : une pizza – un éléphant – les habitants. 3. Il faut souligner : Autrefois – Un jour – le lendemain – le soir même – Plus tard.
BILAN Dans sa machine à remonter le temps, le professeur Temporis voyage à travers les âges. À la préhistoire, il part à la chasse au mammouth. Son voyage se poursuit dans le futur : il découvre la vie extraterrestre sur Pluton. Enfin, le professeur Temporis revient à notre époque, dans le présent.

22 pages 54-55

1. Entourer les personnages 1, 3 et 4. 2. L'ogresse s'appelle Polissonne. Elle a 99 ans. Elle est grande. Sa tête est ronde et elle a un gros ventre. Elle attire les enfants chez elle avec des bonbons. Ensuite, elle les enferme dans une cage. 3. À vérifier avec un adulte.
BILAN Vrai – faux – vrai – vrai.

23 pages 56-57

1. Entourer le premier document. 2. Durée : entre 10 et 20 minutes – Matériel : 41 baguettes de bois – Nombre de joueurs : au minimum 2 – But du jeu : ramasser le plus de baguettes.
BILAN Faux – vrai – faux – vrai.

24 pages 58-59

1. Le texte contient 3 phrases. 2. Le fermier répare son tracteur. 3. Barrer : Les lions vivent dans un. – silence arbre le mon grand reste. 4. on arrive au château par un grand portail / le parc est entretenu par de nombreux jardiniers / le château apparaît au bout d'une grande allée / il est superbe.
BILAN On arrive au château par un grand portail. Le parc est entretenu par de nombreux jardiniers. Le château apparaît au bout d'une grande allée. Il est superbe.

25 pages 60-61

1. Il faut souligner : j'avance – il monte – elles écoutent. 2. Relier : visiter, il visite, ils visitent – danser, je danse, ils dansent – entrer, elle entre, elles entrent. 3. Elle achète un gâteau. – Ils préfèrent le chocolat. – Il enfile son manteau. – Elles ajoutent du sucre.
BILAN Vrai – vrai – faux – vrai.

26 pages 62-63

1. Cocher : personne – chose – animal. 2. Une savante – une Française – la voisine. 3. **Le vent :** singulier – **des amis :** pluriel – **une vague :** singulier. 4. **Nom commun :** le chien – le coiffeur – une armoire. **Nom propre :** la Seine – le Louvre – l'Italie.
BILAN **Une tomate :** féminin singulier – **des voitures :** féminin pluriel – **le papillon :** masculin singulier – **mes voisins :** masculin pluriel.

27 pages 64-65

1. **Être :** tu es – elles sont – nous sommes. **Avoir :** j'ai – vous avez – il a. 2. Il faut souligner : Il est triste. Nous sommes en retard. Tu es l'aîné de la famille. – Entourer : J'ai mal à la tête. Il a 7 ans. 3. Elles sont fatiguées. – Il a les yeux bleus. – J'ai beaucoup d'amis. – Nous avons de la chance. – Vous êtes dans le train. – Il est au bord de la mer.
BILAN Tu as peur. – Ils ont les cheveux noirs. – Elle est en vacances. – Je suis en CP. – Vous avez faim. – On a un lapin.

28 pages 66-67

1. Relier : épice et épicier – école et écolier – piano et pianiste – fleur et fleuriste. 2. Barrer : coffre – chapeau – jour – gant – savoir. 3. Un pianiste – une skieuse – une danseuse – le banquier – un jardinier – le parachutiste – le garagiste – la chanteuse.
BILAN Un Italien – un Marseillais – un Portugais – un Marocain – un Parisien – un Français.

29 pages 68-69

1. Barrer : une – un – un – la – les – le. 2. Il faut souligner : Je mange du pain. – Aujourd'hui, la météo est incertaine. – Demain, nous serons mardi. – Il faut dire « merci » ! – Les élèves entrent en classe. – Lucas passe devant la boulangerie. 3. Je suis chez Marie. – Il a encore (ou très) faim. – Deux plus deux font quatre. – Camille est très (ou encore) en colère.
BILAN Vrai – vrai – faux – vrai – vrai.

30 pages 70-71

1. Une ardoise – la colle – une règle. 2. Dessiner – découper – entourer. 3. **Les lieux :** la classe, le préau – **Les personnes :** le maître, la directrice – **Les actions :** copier, calculer.

BILAN Je suis à bille, à plume ou à encre : **un stylo** – Je suis noir ou blanc et on me lave tous les jours : **un tableau** – Je sers à transporter toutes tes affaires : **un cartable**.

Je m'évalue ★ pages 72-73

1. Ces mots contiennent **7** et **6** lettres. **2.** À faire vérifier par un adulte. **3.** Il y a **3** voyelles et **4** voyelles. **4.** du riz – un pot – un bus – le chat. **5.** Entourer en rouge : un bébé – une bédé. Entourer en bleu : un radis – la dinde – une bédé. **6.** une pile – un bus – une dame – un tapis. **7.** Entourer : une moto – le bateau – jaune – de l'eau. **8.** des bottes – le rideau – une pomme – l'épaule. **9.** Entourer en bleu : la tomate – les dominos – un matelas. Entourer en rouge : un piano – les dominos. **10.** Une robe – un lion – un monstre – la natte. **11.** Entourer en bleu : l'été ; en rouge : le maître, la fête et la mère. **12.** Le bébé – une règle – le père – l'école. **13.** Entourer : la salade – la police – un tissu – déçu. **14.** Une cerise – la tasse – une rose – un dessin. **15.** Entourer en rouge : jouer – pousser. Entourer en bleu : montrer – répondre. **16.** rouler – gronder – content – douce. **17.** Entourer en bleu : le raisin, du pain et maintenant ; en rouge : la chanson, mécontent et maintenant. **18.** La maman – un lapin – le chemin – blanc. **19.** Entourer en bleu : Farid va à la fête. – Vous buvez un café. Entourer en rouge : Farid va à la fête. – Vous buvez un café. **20.** Le vent – la foule – une rafale – mauvaise. **21.** Entourer en bleu : Je suis allongé sur la plage. Les jumeaux rangent leurs jouets. Entourer en rouge : Je suis allongé sur la plage. Les jumeaux rangent leurs jouets. **22.** la girafe – la journée – un singe – un pyjama. **23.** Entourer en bleu : un gamin et le garage ; en rouge : quatre, le koala, un cactus. **24.** Elle skie avec un casque et un anorak. – Quentin croque des kiwis. **25.** Entourer : Ma soeur a les yeux bleus. – J'ai des nœuds dans les cheveux. **26.** neuf – des nœuds – jeune – vieux.

Je m'évalue ★★ pages 74-75

1. un champion – le poisson – un point – une étoile. **2.** le chien – du papier – le milieu – l'escalier. **3.** Barrer : un ange et ranger. **4.** Les gâteaux sont magnifiques. – Le cygne est gourmand. **5.** un orteil – un écureuil – un éventail – le fauteuil. **6.** L'épouvantail est en paille. – Son travail mérite une médaille. **7.** la casquette – une poubelle – une bretelle – la tartelette. **8.** la duchesse – le tonnerre – la terre – une princesse. **9.** **6** mots – **5** mots. **10.** Le / lion / est / un / animal / sauvage. **11.** Lola mange des fraises au dessert. **12.** Vendredi, ma sœur va au judo. **13.** Entourer : visitent – recopions. **14.** Fatima **mange** une pomme. Ils **mangent** au restaurant. Chez Noa, on **mange** bien. **15.** la présidente – une gamine – une amie – la cliente. **16.** les tulipes – des chiens – la voiture – une chaussette. **17.** Il faut souligner en bleu : **sont** et **es** ; en rouge : **a** et **avons**. **18.** Ma cousine **a** un vélo. – Il **est** malade. – Le chat **est** dans le jardin. – Elle **a** froid. **19.** Entourer : long – lent. **20.** Barrer : école et château. **21.** J'ai des devoirs **pour** lundi. Noé est invité **chez** Julie. **22.** **Le** cartable est posé sur **la** table. **Les** enfants mangent à **la** maison. **23.** Barrer le rat. **24.** Je **recopie** l'exercice sur mon cahier. Je **colle** la feuille dans mon cahier.

Maths

1 pages 76-77

1. Il y a **5** chapeaux et **4** chaussures. **2.** quatre → **4** → ●●●● – six → **6** → ●●●●●● – deux → 2 → ●●. **3.**

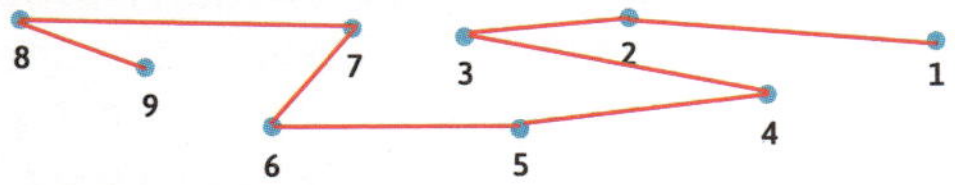

BILAN À faire corriger par un adulte.

2 pages 78-79

1. **4** + **2** = **6** ou 2 + 4 = 6 ; dessiner 3 arbres à gauche et 4 à droite → 5 + 4 = 9. **2.** 6 = 1 + 5 → ●●●●●● ; 6 = 5 + 1 → ●●●●●● ; 6 = 4 + 2 → ●●●●●● ; 6 = 2 + 4 → ●●●●●● ; 6 = 6 + 0 → ●●●●●● ; 6 = 0 + 6 → ●●●●●●. **3.** 0 + 5 = 5 ; 1 + 4 = 5 ; 2 + 3 = 5 ; 3 + 2 = 5 ; 4 + 1 = 5 ; 5 + 0 = 5.

BILAN 0 + 7 ; 1 + 6 ; 2 + 5 ; 3 + 4 ; 4 + 3 ; 5 + 2 ; 6 + 1 ; 7 + 0.

3 pages 80-81

1. 0 + 10 ; 1 + 9 ; 2 + 8 ; 3 + 7 ; 4 + 6 ; 5 + 5 ; 6 + 4 ; 7 + 3 ; 8 + 2 ; 9 + 1 ; 10 + 0. **2.** 1 d et 6 u – 1 d et 2 u. **3.** 10 > 9 ; 15 < 16.

BILAN 15 ; 10 + 5 ; 1 d et 5 u ; 3 + 12 ; quinze. 12 ; 1 d + 2 u ; douze ; 10 + 2 ; 11 + 1. 17 ; 7 + 10 ; 12 + 5 ; 1 d + 7 u ; dix-sept. 1 d + 1 u ; 10 + 1 ; 1 + 10 ; 11 ; onze.

4 pages 82-83

1. trente-cinq : 35 – seize : 16 – dix-neuf : 19 – soixante-six : 66 – neuf : 9 – cinquante : 50 – soixante : 60 – quarante-six : 46. **2.** 27, 28, 29, 30, 31, 32, 33, 34 – 34, 36, 38, 40, 42, 44, 46, 48 – 3, 13, 23, 33, 43, 53, 63.

3. 2 dizaines et 7 unités – 3 dizaines et 4 unités.

BILAN 34 = trentre-quatre = 3 d et 4 u = 10 + 10 + 10 + 4; 48 = quarante-huit = 4 d et 8 u = 10 + 10 + 10 + 10 + 8; 57 = cinquante-sept = 5 d et 7 u = 10 + 10 + 10 + 10 + 10 + 7 ; 61 = soixante-et-un = 6 d et 1 u = 10 + 10 + 10 + 10 + 10 + 10 + 1.

5 pages 84-85

1. 70 ; **71** ; **72** ; 73 ; 74 ; **75** ; **76** ; **77** ; **78** ; 79 ; **80** ; **81** ; **82** ; 83 ; **84** ; **85** ; **86** ; **87** ; **88** ; **89** ; **90** ; 91 ; **92** ; **93** ; 94 ; **95** ; **96** ; 97 ; **98** ; **99**. **2.** Soixante-douze → 72 – 75 → soixante-quinze – quatre-vingt-cinq → 85 – 89 → quatre-vingt-neuf – quatre-vingt-dix-neuf → 99 – 91 → quatre-vingt-onze. **3.** 73 < 85 ; 89 < 91 ; 71 < 72 ; 88 > 85 ; 96 > 74 ; 99 > 98. **4.** **40** < 41 < **50** ; **70** < 79 < **80** ; **60** < 69 < **70** ; **50** < 55 < **60** ; **80** < 88 < **90** ; **30** < 37 < **40**.

BILAN **a.** 95 ; **b.** 64 ; **c.** 71 ; **d.** 85.

6 pages 86-87

1. 6 + 0 = **6** ; 6 + 1 = **7** ; 6 + 2 = **8** ; 6 + 3 = **9** ; 6 + 4 = **10** ; 6 + 5 = **11** ; 6 + 6 = **12** ; 6 + 7 = **13** ; 6 + 8 = **14** ; 6 + 9 = **15** ; 6 + 10 = **16**. **2.** 1 + 2 = **2** + **1** = **3** ; 9 + 5 = **5** + **9** = **14** ; 6 + 7 = **7** + **6** = **13** ; 3 + 8 = **8** + **3** = **11**. **3.** 2 + **3** = 5 ; 3 + **4** = 7 ; **2** + 7 = 9 ; 4 + **1** = 5 ; **3** + 6 = 9 ; 8 + **1** = 9 ; **3** + 8 = 11 ; **7** + 9 = 16 ; **10** + 10 = 20. **4.** 2, 4, 6, 8, 10, 12, 14 – 3, 8, 13, 18, 23, 28, 33 – 5, 15, 25, 35, 45, 55, 65.

BILAN 7 + 8 = **15** ; 4 + 5 = **9** ; 3 + 8 = **11** ; 5 + 7 = **12** ; 10 + 6 = **16** ; 8 + 6 = **14** ; 5 + 3 = **8** ; 7 + 7 = **14** ; 8 + 10 = **18** ; 4 + 10 = **14** ; 1 + 8 = **9** ; 7 + 4 = **11**.

7 pages 88-89

1. Dessiner : 8 carrés verts. **2.** Le double de 5 est **10** car 5 + 5 = **10**. Le double de 8 est **16** car 8 + 8 = **16**. Le double de 10 est **20** car 10 + 10 = **20**. Le double de 7 est **14** car 7 + 7 = **14**. **3.** La moitié de 8 est **4**. La moitié de 10 est **5**. La moitié de 16 est **8**. La moitié de 20 est **10**.

BILAN **a.** Entourer : 12 étoiles. **b.** Il y a **12** étoiles dans chaque moitié. **c.** La moitié de 24 est **12**. Le double de **12** est 24.

8 pages 90-91

1. 12 + 26 = **38** ; 25 + 44 = **69** ; 27 + 42 = **69** ; 21 + 15 + 22 = **58**. **2.** 27 + 14 = **41** ; 36 + 8 = **44** ; 48 + 48 = **96** ; 19 + 24 = **43**. **3.** 12 + **12** = 24 ; 31 + **14** = 45.

BILAN 15 + 10 = 25. Le cadeau coûte **25 euros**.

9 pages 92-93

1. 26 – 2 = **24** ; 37 – 1 = **36** ; 48 – 4 = **44** ; 65 – 3 = **62** ; 56 – 6 = **50** ; 16 – 5 = **11**. **2.** 21 – 3 = **18** ; 33 – 4 = **29** ; 22 – 5 = **17** ; 24 – 7 = **17** ; 31 – 6 = **25** ; 35 – 9 = **26**. **3.** 25 – 5 = **20** ; 46 – 6 = **40** ; 57 – 7 = **50** ; 33 – 3 = **30** ; 64 – 4 = **60** ; 19 – 9 = **10**.

4.

$$\begin{array}{r} 3\ 5 \\ +\ 1\ 3 \\ \hline 4\ 8 \end{array} \qquad \begin{array}{r} 4\ 7 \\ +\ 2\ 0 \\ \hline 6\ 7 \end{array}$$

BILAN a. 35 – 4 = 31. Alex possède **31** billes. **b.** 36 – 10 = 26. Inès se retrouve sur la case **26**.

10 pages 94-95

1. En hiver – 2 personnes – sur le trottoir – 5 personnes. **2.** Le prix de la trousse est 7 €. – Le prix de la règle est 3 €. – L'objet le plus cher est le livre (10 €). – L'objet le moins cher est le crayon (1 €).

BILAN a. Souligner : l'argent qu'il lui reste après avoir acheté le chapeau. **b.** Entourer : Rose a reçu 10 euros ; elle a acheté un chapeau de pirate à 5 euros.

11 pages 96-97

1. Addition – soustraction – soustraction. **2.** 12 + **27** = **39**.

$$\begin{array}{r} 1\ 2 \\ +\ \mathbf{2}\ \mathbf{7} \\ \hline \mathbf{3}\ \mathbf{9} \end{array}$$

Aurélien a dépensé 39 euros.

BILAN a. 32 – 28 = **4** ou 28 + **4** = 32. Il reste **4** pots de confiture. **b.** 35 + 40 = **75**. Il y a **75** fleurs.

12 pages 98-99

1.

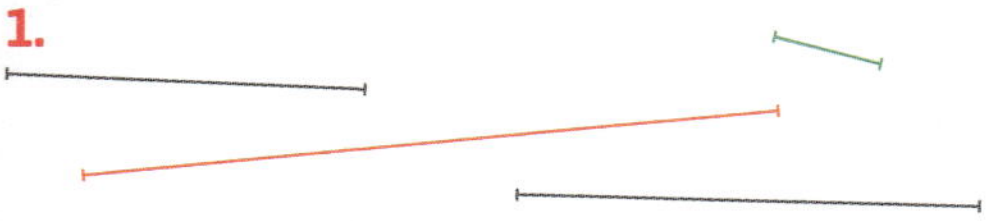

2.

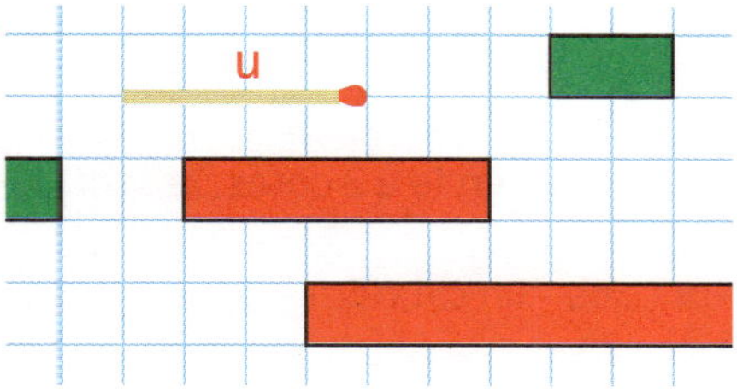

3. a = c = e ; b = g ; d = f.

BILAN

est plus long que	A	B	C	D
A				
B	X			
C	X	X		X
D	X	X		

13 pages 100-101

1. Le ballon est **plus léger** que le livre. – Le vase est **plus lourd** que le cube. – Le livre est **aussi lourd que** le vase. **2.** Dans l'ordre : ↑ ; ↗ ; ↖.

BILAN L'abricot est **à gauche**, la banane est **à droite**. – La pomme est **à gauche**, la banane est **à droite**. – L'abricot est **à gauche**, la pomme est **à droite**. Le fruit le plus lourd est la **banane**. Le fruit le plus léger est **l'abricot**.

14 pages 102-103

1. Leïla possède **6 €** ; Théo : **12 €** ; Sarah : **42 €** ; Karim : **57 €**. **2.** Un menu à 12 € → un billet de 10 € et une pièce de 2 € ; une doudoune à 62 € → un billet de 50 €, un billet de 10 € et une pièce de 2 €.

3.	prix total	achat possible	monnaie rendue
1	**14 €**	oui	**1 €**
2	**25 €**	non	/
3	**9 €**	oui	**6 €**

15 pages 104-105

1. Petite aiguille sur le **2** ; 02 : 00. Petite aiguille sur le **5** ; 17 : 00. Petite aiguille sur le **12** ; 12 : 00. Petite aiguille sur le **11** ; 23 : 00. **2.** Il est **20** h, c'est le **soir**. Il est **7** h, c'est le **matin**. Il est **15** h, c'est l'**après-midi**. Classement : 7 h ; 15 h ; 20 h.

BILAN Colorier en bleu : de 7 h à 12 h. Colorier en jaune : de 13 h à 18 h. Colorier en vert : de 19 h à 21 h. Relier 7 h à : **je**

me lève ; 9 h : **j'arrive à l'école** ; 12 h : **je déjeune** ; 16 h : **je goûte** ; 19 h : **je dîne** ; 21 h : **je me couche**.

16 pages 106-107

1. La botte **gauche** de Nélia est bleue et sa botte **droite** est jaune. Nélia est **sous** le parapluie. Elle est **dessous**. Elle passe **sur** le pont. Elle est **dessus**. **2.** À corriger avec un adulte. **3.** Sam est juste **devant** Fred. Alix est **derrière** Lucie. C'est **Anaïs** qui est devant tous les autres.
BILAN Il tourne **à gauche**, passe **au-dessus** de la rivière puis tourne **à droite**. Il passe **sous** un pont et tourne **à droite**. Il arrive **devant** le parc et entre **à l'intérieur**.

17 pages 108-109

1. À corriger avec un adulte.
2.

3. et **BILAN** À corriger avec un adulte.

18 pages 110-111

1.

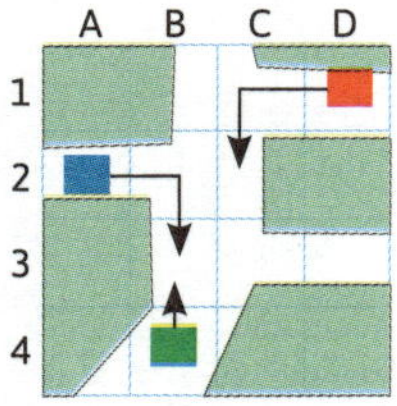

2. Le poisson jaune est en (**A, 2**), le poisson bleu est en (**D, 1**), le poisson orange est en (**C, 2**), le poisson violet est en (**D, 3**).
BILAN **a.** Le lapin est en (**A, 1**) et la salade en (**E, 1**). **b.** → ; ↓ ; →; ↑ ; ↑ ; →; →; ↓ ; →. **c.** Le lapin a tourné **3 fois** à droite et il a tourné **3 fois** à gauche.

19 pages 112-113

1. À corriger avec un adulte. **2.** Il y a **2** carrés, **8** cercles, **7** rectangles et **5** triangles.
BILAN Relier **J'ai 2 grands côtés égaux** à **un rectangle** au **dessin du rectangle** – relier **J'ai 3 côtés** à **un triangle** au **dessin du triangle** – relier **J'ai 4 côtés égaux** à **un carré** au **dessin du carré** – relier **Je suis un rond** à **un cercle** au **dessin du cercle**.

20 pages 114-115

1. cylindre – pyramide – boule – pavé droit – cône – cube. **2.** Colorier en vert les figures 1 et 4 ; colorier en jaune les figures 3 et 5.
3.

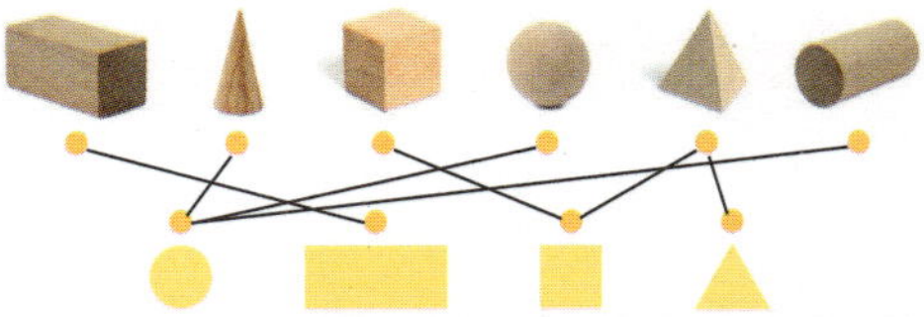

BILAN Je n'ai que des faces planes : **cube, pyramide, pavé droit**. – Je n'ai pas de sommet : **boule, cylindre**. – J'ai six faces : **cube, pavé droit**. – J'ai une ou deux faces : **boule, cône**.

Je m'évalue ★ pages 116-117

1. un ; 3 ; 8 ; cinq. **2.** 2 = **1** + 1 ; 4 + 3 = 7 ; 5 = 3 + 2 ; 6 + 3 = **9**. **3.** dix ; 1 d et 4 u ; 15 ; 10 + 8. **4.** Relier : 10 + 10 + 10 + 2 et 32 ; 56 et 5 d et 6 u ; vingt-sept et 10 + 10 + 7 ; 6 d et 2 u et soixante-deux. **5.** 7 d + 4 u = **74** ; **89** > 88 ; 98 < **99** ; 78 + 10 = **88**. **6.** 11 + 6 = **17** ; 4 + 23 = **27** ; 42 + 7 = **49** ; 10 + 12 = **22**. **7.** Relier : 2 et 1 ; 12 et 6 ; 10 et 5 ; 18 et 9. **8.** 12 + 25 = 37 et 37 + 18 = 55. **9.** 29 – 16 = 13 ; 68 – 35 = 33 ; 36 – 4 = 32 ; 82 – 3 = 79. **10.** Entourer : 2 chiens, 1 chat et 3 hamsters. **11.** 40 – 32 = 8. Il reste 8 bougies allumées. **12.** La bande **B** est plus petite que la bande **C** qui est plus petite que la bande **A**. **13.** Le cube **C** est plus léger que le cube **A** qui est plus léger que le cube **B**. **14.** Dessiner : un billet de 10 euros, une pièce de 2 euros et une pièce de 1 euro. **15.** Sur les deux pendules, la petite aiguille est pointée vers le 11. **16.** La coccinelle est sous la lune. **F** – Le papillon est à droite du cœur. **V** – La pomme est au-dessus du cœur **V** et à gauche de la coccinelle. **F**. **17.** Une règle. **18.**

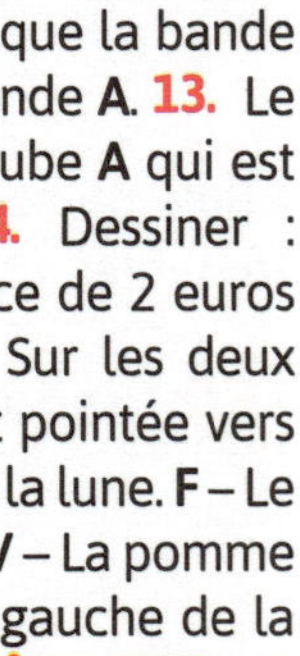

19. Barrer : le cercle a 2 côtés ; le rectangle a 5 côtés.
20. un cube - un cylindre - une pyramide

Je m'évalue ★★ pages 118-119

1. 3 – 5 – 9. **2.** 0 + 9 ; 1 + 8 ; 2 + 7 ; 3 + 6 ; 4 + 5 ; 5 + 4 ; 6 + 3 ; 7 + 2 ; 8 + 1 ; 9 + 0. **3.** 17 ; 10 ; 13 ; 15. **4.** 20 ; 40 ; 51 ; 60. **5.** 97 < **98** < 99 ; 59 < **50 + 10** < 61 ; 69 < **70** < 71 ; 81 < **8 d 2 u** < 83. **6.** 42 ; 49 ; 18 ; 89. **7.** Il faut ajouter **10** points et **5** étoiles. **8.** Un adulte vérifiera que l'addition est posée correctement. 67 – 92. **9.** 56 – 34. **10.** Entourer le deuxième texte. **11.** **36 – 24 = 12** Il reste à Julie **12 perles** pour faire un bracelet. **12.** B ; C ; D ; A. **13.** Dessiner **1 ou 2 pommes** dans le plateau ; dessiner **au moins 2 pommes**. **14.** À faire vérifier par un adulte. **15.** Quand je suis fatiguée, je me couche à **21 h.** Le matin, je pars à **8 h** pour aller à l'école et le **midi** je rentre déjeuner à la maison. **16.** L'étagère est sous la pendule. Le cartable est **devant** le bureau. L'enfant tient son crayon de la main **gauche**.

17.

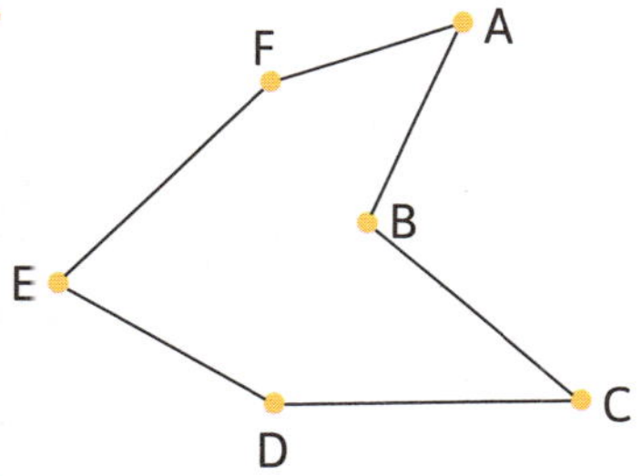

18.

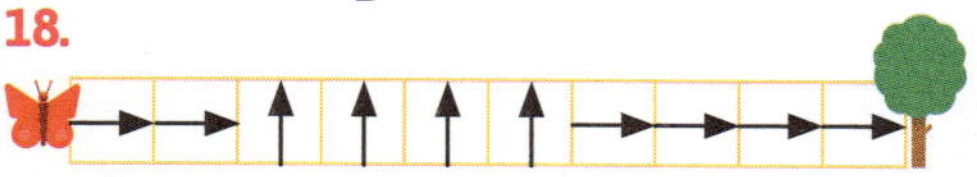

19. À faire vérifier par un adulte. **20.** La boule, le cône et le cylindre peuvent rouler.

Espace – Temps – EMC

1 pages 120-121

1.

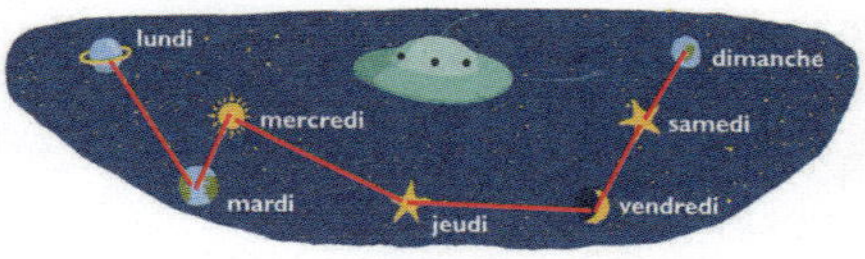

2. **3** mars – **5** mai – **2** février – **9** septembre – **1** janvier – **4** avril – **6** juin – **12** décembre – **7** juillet – **8** août – **11** novembre – **10** octobre.
3. **Hiver :** janvier – février – mars. **Printemps :** avril – mai – juin. **Été :** juillet – août – septembre. **Automne :** octobre – novembre – décembre.
BILAN Vrai – vrai – vrai – faux – faux.

2 pages 112-113

1.	**Activités**
lundi	basket
mardi	**cinéma**
mercredi	**goûter**
jeudi	musée
vendredi	**visite**
samedi	**foot**
dimanche	**promenade**

2. C'est le mois d'**avril**. Il compte **30** jours. Il y a **5** lundis. Le 10 avril est un **mercredi**.
BILAN Le 31 décembre correspond à un **dimanche**. Noël a lieu le **lundi 25 décembre**. – Le premier jour de l'hiver est le **jeudi 21 décembre**.

3 pages 114-115

1. Relier les écoliers : au porte-plume, à l'encrier, au cartable en cuir et au plumier ; l'écolière : au cartable à roulettes, à la calculette, au stylo et à la trousse. **2.** Une blouse – un pupitre – un encrier – un plumier.
BILAN **Dans l'école d'autrefois :** un boulier – une plume – une blouse. **Dans l'école d'aujourd'hui :** du scotch – un classeur – une calculatrice.

4 pages 116-117

1. À gauche : un parking de supermarché. **À droite :** une rue piétonne. **2.** Le parking du supermarché est un espace aménagé pour faciliter le stationnement des **voitures** afin de pouvoir faire ses **courses**. La rue piétonne est aménagée pour faciliter le déplacement des **piétons** en toute sécurité. Elle est interdite aux **voitures**.

BILAN

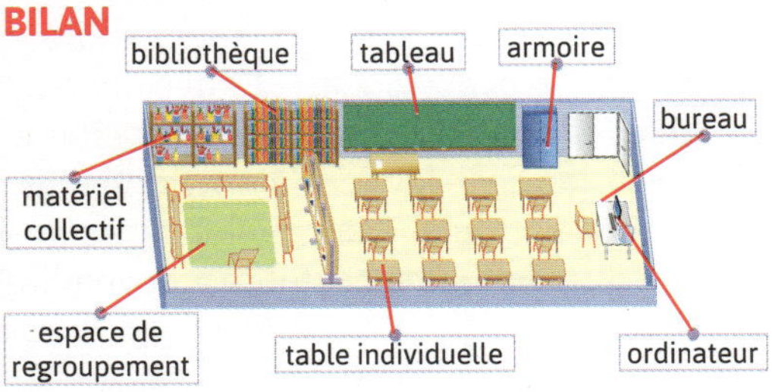

5 pages 118-119

1. De gauche à droite : une grande ville – un village – un centre-ville. **2.** Relier les photos en haut à gauche et en bas à droite à **espace rural** ; les photos en bas à gauche et en haut à droite à **espace urbain**.

BILAN Faux – vrai – vrai – vrai.

6 pages 120-121

1. À gauche et de haut en bas : photographie – maquette. **À droite et de haut en bas :** dessin – plan.

2. et **BILAN**

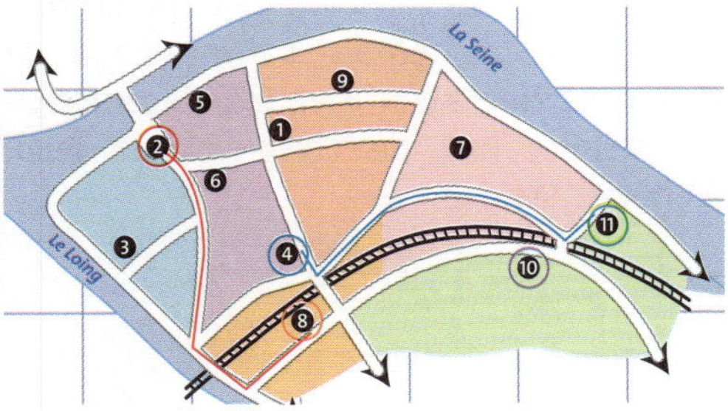

7 pages 122-123

1. Salut Chiara ! ça roule ? **Langage familier** – Puis-je avoir un renseignement s'il vous plaît ? **Langage courant** – Excusez-moi monsieur, pouvez-vous m'aider ? **Langage courant** – Sois sympa ! Prête-moi ta colle ! **Langage familier**. **2.** Photographies de gauche à droite : Il faut arriver à l'heure à l'école. – Il faut travailler en silence pour ne pas déranger ses camarades. – Il faut lever le doigt avant de prendre la parole en classe.

BILAN Au revoir – Merci – Excuse-moi.

8 pages 124-125

1. 1. Je m'arrête devant le passage piétons, pas trop près de la chaussée. **2.** Je regarde à gauche, puis à droite, puis encore à gauche. **3.** S'il n'y a pas de véhicule, je m'engage sur la chaussée. **2. Colorier en vert :** À vélo ou à roller, je mets un casque. – Je ne traverse pas derrière un bus. – En voiture, je mets ma ceinture. **Colorier en rouge :** À vélo, je roule sur le trottoir. – En voiture, je m'installe sur la banquette avant. – Je cours sur le passage piétons.

BILAN

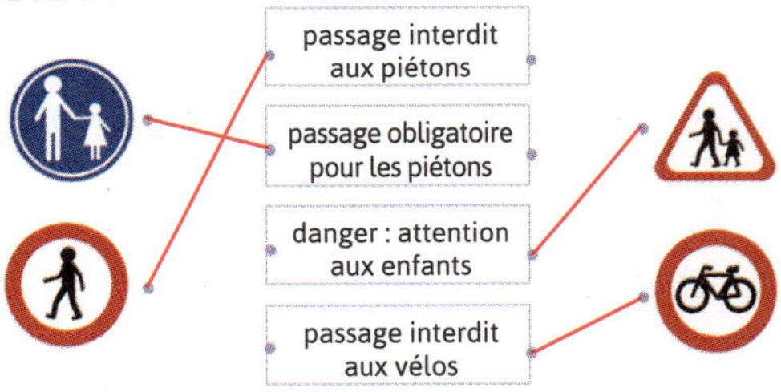

9 pages 126-127

1. Entourer le quatrième drapeau. **2.** Colorier le drapeau tricolore, la fête nationale et la Marseillaise. **3.** Cocher le défilé et le podium des Jeux olympiques.

BILAN En France, le 14 juillet c'est la **fête nationale**. On commémore la prise de **la Bastille** en organisant des **défilés** militaires et des **feux d'artifice**. On chante **la Marseillaise** et agite des **drapeaux tricolores**.

Corrigés

Sciences

1 pages 128-129

1. Le coq et la poule → le poussin → sort d'un œuf. – Le taureau et la vache → le veau → sort du ventre de sa mère. – Le lion et la lionne → le lionceau → sort du ventre de sa mère. – Le canard et la cane → le caneton → sort d'un œuf. **2. Viande :** lion, tigre, cochon. – **Graines :** oiseau, cochon. – **Herbe :** lapin, vache, cochon.
BILAN Vrai – faux – faux – vrai.

2 pages 130-131

1. De gauche à droite : 4 – 2 – 3 – 1 – 5. **2.** Pour vivre et **se développer**, une plante a besoin d'**eau** (par l'arrosage ou la **pluie**), d'**air** (celui que nous respirons), de lumière, de chaleur (celle du **soleil** par exemple) et d'**aliments** qu'elle puise dans le sol.
BILAN **Pépin :** raisin, pomme, tomate. – **Noyau :** prune, avocat, pêche, cerise. – **Graine :** radis, salade, carotte.

3 pages 132-133

1. Relier : mains et robinet – bouche et brosse à dents – nez et mouchoir – corps et douche. **2.** Entourer : les fruits – l'eau – les légumes – les pâtes (féculents) – le poisson. Barrer les bonbons et le gâteau au chocolat.
BILAN Je dois me **coucher** tôt le soir. Il faut **manger** des fruits et des légumes tous les jours. Je dois me **laver** les dents matin et soir. **Bouger**, c'est mieux que de rester devant la télévision ou les jeux vidéo.

4 pages 134-135

1. Récipients renfermant un solide : farine – sucre – sel. **Récipients renfermant un liquide :** produit linge – sirop – produit vaisselle. **2.** Entourer : essence – jus d'orange – lait – soupe – vinaigre.
BILAN **Solide :** chocolat en poudre – ballon – morceau de bois – cahier. **Liquide :** jus de pomme – huile.

5 pages 136-137

1. De gauche à droite : état **liquide** – état **solide** – état **liquide** – état **liquide**.
2. De gauche à droite : 2 – 3 – 1 – 4.
3. a. Dans la nature, l'eau se transforme en glace le plus souvent **en hiver**. **b.** Quand il fait très froid, la pluie se transforme **en neige**. **c.** Dans les océans, les icebergs se transforment doucement **en eau**.
BILAN Faux – vrai – faux – vrai.

6 pages 138-139

1. Colorier : le voilier, le moulin à vent, le parachute, le cerf-volant.
2.

3. Lorsqu'on incline le verre, l'air s'échappe du verre et de l'eau rentre dans le verre. – Lorsqu'on incline le verre rempli d'air, le verre rempli d'eau se vide d'**eau** et se remplit d'**air**.
BILAN Vrai – vrai – faux – vrai.

7 pages 140-141

1. Barrer : le couteau – la brosse à dents – le fouet – le presse-agrumes. **2.** Relier aux piles : la montre et la lampe torche. À la batterie : le téléphone. À la prise : l'aspirateur et la lampe.
BILAN Grâce à moi, ton ordinateur et ta télévision fonctionnent. **L'électricité** – Je sers à relier un appareil électrique à la prise de courant. **Le fil électrique** – On me place dans un objet pour fournir de l'électricité. **Une pile** – Il ne faut jamais mettre ses doigts dedans. **La prise électrique** – J'éclaire quand la lampe est branchée. **L'ampoule**.

Anglais

1 pages 142-143

1. Colorier la troisième et la cinquième étiquette. **2. À gauche :** My name is **Emily**. **À droite :** My name is **Oliver**.
3.

BILAN De gauche à droite : Hello! **What is your name?** – **Hello!** My name is Thomas. – Goodbye! **Goodbye!**

2 pages 144-145

1. Relier : **10** et **ten** – **2** et **two** – **8** et **eight** – **1** et **one**.
2.

I am seven. I am three. I am nine.

3. À faire corriger par un adulte.
BILAN I am **ten**. I am **five**.

3 pages 146-147

1. A **rabbit** – a **mouse** – a **parrot**.
2.

I have got a cat. I have got a bird. I have got a horse.

3. A **goldfish**.
BILAN I have got 3 **dogs**, 2 **rabbits**, and 1 **cat**.

4 pages 148-149

1. À faire corriger par un adulte. **2.** Entourer le **deuxième** et le **troisième** dessin. **3.** À faire corriger par un adulte.

BILAN	TRUE	FALSE
3 yellow dogs		X
1 red cat		X
1 green parrot	X	
4 pink rabbits		X

Mon année de CP

Prénom : ....

....

Nom : ....

....

Cet ouvrage a été rédigé par une équipe de professeurs des écoles.

Aline Clavier (Anglais)
Francine Martineau (Maths)
Laurence Pineau
(Français, Espace, Temps, EMC, Sciences)

Françoise Blanchis
Michel Bouchet
Alain Charles
Michel Wormser
Thierry Zaba

Illustrations
Marie Ecarlat (mascottes)
Marie Margo, Gaëlle Berthelet, Virginie Chiodo (Bien dans ma vie d'écolier !)
Marie-Hélène Tran-Duc (Français)
Guillaumit (Maths)
Xavier Frehring (Espace, Temps, EMC, Sciences)
Patrick Morize (Anglais)

Les dialogues des mascottes Théo et Lola ont été rédigés par l'équipe éditoriale.

bordas

Mode d'emploi

Dans cet ouvrage, vous trouverez **toutes les notions de la classe de CP**, discipline par discipline, pour accompagner votre enfant tout au long de son année.

Chaque matière est identifiée par une couleur facile à repérer grâce aux onglets.

Chaque thème du programme est présenté sur une double-page, qui s'articule autour de trois grandes étapes : **Je retiens**, **Je sais faire**, **Je m'entraîne**.

LE COIN DES PARENTS

Des **infos et astuces concrètes** pour aider votre enfant et comprendre l'enjeu de la leçon

Je retiens

L'essentiel de la leçon à apprendre et à mémoriser

Les dialogues malicieux de Théo et Lola

Je sais faire

Les méthodes à maîtriser pour réussir les exercices

LECTURE / ORTHOGRAPHE

4 Le son « o »

LE COIN DES PARENTS

La plupart du temps, le son « **o** » s'écrit avec la lettre **o**. Il faut privilégier l'apprentissage de cette écriture. Votre enfant apprendra par cœur quelques mots très courants avec **au** et **eau**.

DICTÉE 4 → LIVRET PARENTS p. 7

Je retiens

Prononcer le son « o », c'est trop facile !

du chocolat au lait

Tu vois o, au, tu lis o.

un gâteau

Tu vois eau, tu lis o.

Tu fais la forme O avec ta bouche.

Je sais faire

Écrire o, au et eau

Copie les lettres et les mots.

o a u e

o

le loto

une moto

au

un crapaud

eau

un agneau

18

m n o p
q r s t
u v w x
y z

+ des **outils** pédagogiques

très utiles pour accompagner votre enfant :

- Un poster avec les tables d'addition
- Un poster pour apprendre les jours, les mois, les saisons
- Le tracé des lettres
- Les premiers sons

Je m'entraîne

Des exercices variés et progressifs pour s'entraîner

BILAN

Un **exercice final** pour vérifier la compréhension de la notion

Une **évaluation** en fin de chaque chapitre

+ des pages « Bien dans ma vie d'écolier ! »

avec des conseils pour une année épanouie

+ des **évaluations**

en français et en maths sur 2 niveaux de difficulté

+ un **supplément parents** détachable

avec :

- le programme du CP
- 30 dictées
- tous les corrigés

Sommaire

Bien dans ma vie d'écolier !

Je m'installe pour écrire 6
Je fais mon cartable 7
Je respecte les règles de vie en classe 8
Je respecte les autres dans la cour 9
Je me concentre 10
Je retrouve mon calme 11

Français

LECTURE / ORTHOGRAPHE

☐ 1 Les lettres 12
☐ 2 Les sons « a », « e », « i », « u » 14
☐ 3 Les sons « p », « b », « t », « d » 16
☐ 4 Le son « o » 18
☐ 5 Les sons « l », « m », « n », « r » 20
☐ 6 Les sons « é », « è » 22
☐ 7 Les sons « s », « z » 24
☐ 8 Les sons « ou », « on » 26
☐ 9 Les sons « in », « an » 28
☐ 10 Les sons « f », « v » 30
☐ 11 Les sons « ch », « j » 32
☐ 12 Les sons « k », « g » 34
☐ 13 Le son « eu » 36
☐ 14 Les sons « oi », « ion », « oin », « ieu », « ien », « ier » 38
☐ 15 Le son « gn » 40
☐ 16 Les sons « ail », « eil », « euil » 42
☐ 17 Les sons « elle », « ette », « erre », « esse » 44

LECTURE ÉCRITURE

☐ 18 La couverture d'un livre 46
☐ 19 Le documentaire 48
☐ 20 Les personnages d'un récit 50
☐ 21 Le temps et le lieu d'un récit 52
☐ 22 Un personnage connu : l'ogre 54
☐ 23 La règle du jeu 56

GRAMMAIRE / LEXIQUE

☐ 24 La phrase 58
☐ 25 Le verbe 60
☐ 26 Le nom 62
☐ 27 Les verbes « être » et « avoir » 64
☐ 28 Les familles de mots 66
☐ 29 Les mots outils 68
☐ 30 Le vocabulaire scolaire 70

Je m'évalue ★ 72
Je m'évalue ★★ 74

Maths

NOMBRES ET CALCULS

☐ 1 Les nombres de 0 à 9 76
☐ 2 La somme de deux nombres 78
☐ 3 Les nombres de 10 à 19 80
☐ 4 Les nombres de 20 à 69 82
☐ 5 Les nombres de 70 à 99 84
☐ 6 Les tables d'addition 86
☐ 7 Doubles et moitiés 88
☐ 8 L'addition posée 90
☐ 9 La soustraction : différentes techniques 92

PROBLÈMES
- 10 Comprendre un problème 94
- 11 Résoudre un problème 96

GRANDEURS ET MESURES
- 12 Comparer des longueurs 98
- 13 Comparer des masses 100
- 14 La monnaie 102
- 15 L'heure et les moments de la journée 104

ESPACE ET GÉOMÉTRIE
- 16 Situations dans l'espace 106
- 17 Utiliser une règle 108
- 18 Se repérer et se déplacer sur un quadrillage 110
- 19 Les figures planes 112
- 20 Les solides 114

Je m'évalue ★ 116
Je m'évalue ★★ 118

Espace – Temps – EMC

TEMPS
- 1 Le temps qui passe 120
- 2 Le calendrier 122
- 3 L'école autrefois et aujourd'hui 124

ESPACE
- 4 Les milieux où nous vivons 126
- 5 Le village et la ville 128
- 6 Représenter l'espace 130

EMC
- 7 Vivre ensemble 132
- 8 Les règles de prudence et le Code de la route 134
- 9 Les symboles de la République 136

Sciences

- 1 Les animaux 138
- 2 Les plantes 140
- 3 Être en bonne santé 142
- 4 Solides et liquides 144
- 5 Les changements d'état de l'eau 146
- 6 L'air 148
- 7 L'électricité 150

Anglais

- 1 Saluer, se présenter 152
- 2 Les nombres, dire son âge 154
- 3 Les animaux 156
- 4 Les couleurs 158

Je m'installe pour écrire

La position du corps

1. Tes pieds sont bien à plat sur le sol. Tiens-toi droit(e) et pose tes avant-bras sur la table.

2. Incline légèrement le cahier sur la gauche si tu es droitier(e) et sur la droite si tu es gaucher(e), pour que ton poignet soit dans l'axe de ton bras.

La tenue du crayon

1. Place ton pouce sur le côté de ton majeur, index levé.

2. Positionne ton crayon entre ton pouce et ton majeur, il repose dans le creux de ta main.

3. Pose ton index sur le crayon.

Je fais mon cartable

À la maison, je prépare mon cartable le soir, ça évite du stress.

J'emporte ce dont j'ai besoin

- Les affaires qui doivent être là **tous les jours** :

– mon **cahier de texte**
– mon **carnet de liaison**
– ma ou mes **trousses** : mon stylo plume, un effaceur, 2 cartouches d'encre, un crayon à papier, une gomme, un tube de colle, etc.
– le **matériel** un peu plus grand, qui peut être dans une pochette en tissu par exemple : une paire de ciseaux, une règle graduée, une équerre, etc.
– ma **gourde** avec de l'eau
– des **mouchoirs**
– mes **lunettes** (si j'en porte)
– ma **carte de cantine** ou de **transport** en commun, mes **clefs**.

- Les affaires **en fonction du travail à faire** :

Avant de partir de la classe, je **regarde mon cahier de texte**, et je mets dans mon cartable ce dont j'ai besoin pour faire mes devoirs : livre(s), cahier(s), mot(s)/document(s)/papier(s) à faire signer, etc.

J'organise mon cartable

Je respecte les règles de vie en classe

- Je rentre dans la classe et rejoins ma place **dans le calme**, sans courir, crier ou bousculer les autres.

- Je **lève la main** pour demander la parole.

- Si j'ai besoin de me déplacer, je **demande l'autorisation** avant.

- Je **respecte les adultes** (enseignant, surveillant, personnel de cantine, etc.) **et je suis poli(e)** : je dis « bonjour », « s'il te(vous) plaît » ou « merci ».

- J'**écoute** attentivement le maître ou la maîtresse.

- Je **respecte le matériel** des autres : je ne prends pas un objet qui n'est pas à moi sans autorisation. Je ne le casse pas, je ne joue pas avec.

Je respecte les autres dans la cour

Je me comporte avec les autres comme j'aimerais que les autres se comportent avec moi.

- **Je ne dis pas de gros mots ou d'insultes**, même pour rigoler.

- **Je ne fais pas mal** aux autres (pousser, bousculer, taper, tirer sur les vêtements ou les cheveux).

- **Je ne me moque pas** des autres : que ce soit pour les habits, les lunettes, les appareils dentaires, les cheveux, etc.

- **J'aide les autres** s'ils sont en difficulté.

- **Tout le monde peut jouer au ballon (ou autre jeu) :** les filles comme les garçons.

- **Je ne laisse pas quelqu'un tout seul** dans la cour : je vais voir s'il va bien.

Je me concentre

Avant de commencer à travailler, fais l'exercice de respiration calmante ci-dessous pour t'aider à te concentrer.

1. Inspire profondément en soulevant tes épaules.

2. Retiens ton souffle et pense au mot « calme ».

3. En soufflant lentement, laisse ton corps se remplir de calme.

Je retrouve mon calme

Utilise le coussin de la colère pour t'apaiser et faire disparaître ta colère.

1. Serre très fort ton coussin et pense à toutes les choses qui te mettent en colère.

2. Inspire par le nez, en levant ton coussin au-dessus de ta tête.

3. Souffle par la bouche, en jetant ton coussin par terre, à tes pieds. Recommence 3 fois.

LECTURE / ORTHOGRAPHE

1 Les lettres

LE COIN DES PARENTS
Pour apprendre à lire, votre enfant doit connaître l'ordre alphabétique, savoir lire et écrire chaque lettre, et reconnaître les trois écritures d'une lettre.
DICTÉE 1 → LIVRET PARENTS p. 6

Je retiens

- Pour écrire, on utilise 26 lettres différentes.
  Ces lettres sont toujours rangées dans cet ordre :

  a b c d e f g h i j k l m n o p q r s
  t u v w x y z

  A B C D E F G H I J K L M N O P Q R S
  T U V W X Y Z

  La dernière lettre est z.

- Il y a 20 consonnes et 6 voyelles : a, e, i, o, u et y.

Je sais faire

Écrire des lettres

- Copie les lettres.

f n d s l p

f
n
d
s
l
p

Je m'entraîne

1 ★ **Entoure en rouge les voyelles dans les mots.**

Papa — un biberon — l'animal

des papiers — Alexis — le Portugal

2 ★★ **Relie les deux écritures d'une même lettre.**

n — m — b — m — p

n — d — d — p — b

3 ★★★ **Combien y a-t-il de lettres dans chacun des mots ?**
Entoure la réponse qui convient.

brique
5 – 6 – 7 – 8 – 9

girafe
5 – 6 – 7 – 8 – 9

lapin
5 – 6 – 7 – 8 – 9

BILAN ★★★ **Complète l'alphabet.**

…	b	c	d	…	f	…	h	i	j	k	l	…

…	…	p	q	…	s	t	…	…	w	…	y	…

CORRIGÉS → LIVRET PARENTS p. 12

LECTURE / ORTHOGRAPHE

2 Les sons « a », « e », « i », « u »

LE COIN DES PARENTS

Les voyelles sont fondamentales dans l'apprentissage de la lecture. Elles ont le même nom que le son qu'elles font (sauf **y**) et peuvent former une syllabe à elles seules.

DICTÉE 2 → LIVRET PARENTS p. 6

Je retiens

une abeille

- Tu vois a, tu lis a.

un renard

- Tu vois e, tu lis e.

une fourmi

un stylo

- Tu vois i ou y, tu lis i.

la luge

- Tu vois u, tu lis u.

Je sais faire

Écrire des voyelles

- Copie les voyelles.

a e i u y

a

e

i

u

y

Je m'entraîne

1 ★ Entoure en rouge les dessins quand tu entends « a ».
Entoure en bleu les dessins quand tu entends « u ».

   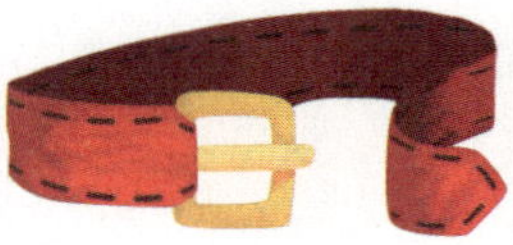

2 ★ Entoure en rouge les dessins quand tu entends « i ».
Entoure en bleu les dessins quand tu entends « e ».

  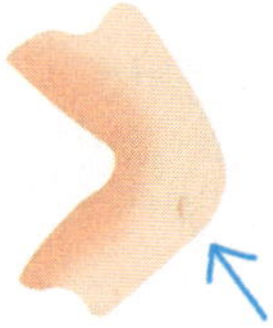 

3 ★★ Complète les mots avec *a*, *u*, *i* et *e*.

une gir _ fe

une c _ r _ se

une f _ sée

BILAN ★★★ Écris les mots avec ces syllabes : *ra – ru – che – pi – te – me*.

la ____________

le ____________

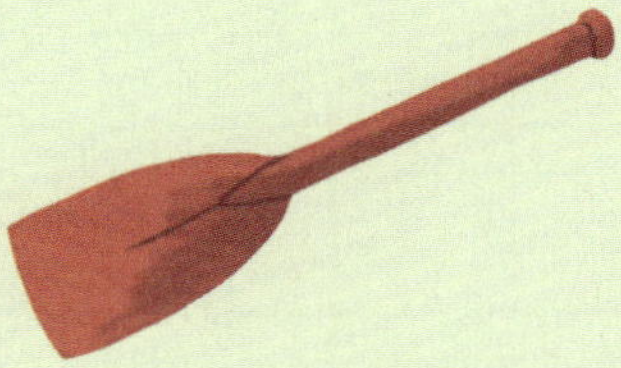

une ____________

CORRIGÉS → LIVRET PARENTS p. 12

3 Les sons « p », « b », « t », « d »

LECTURE / ORTHOGRAPHE

LE COIN DES PARENTS

Les paires **t/d** et **p/b** sont des sons proches. Cette leçon permet de vérifier que votre enfant les distingue bien à l'oral et à l'écrit.

DICTÉE 3 → LIVRET PARENTS p. 7

Je retiens

un papillon

du papier

- Tu vois **p**, tu lis **pi**, **pa**.

un bonnet

un bateau

- Tu vois **b**, tu lis **bo**, **ba**.

une tasse

une voiture

- Tu vois **t**, tu lis **ta**, **tu**.

un radis

la salade

- Tu vois **d**, tu lis **di**, **de**.

Je sais faire

Écrire p, b, t et d

- Copie les lettres et les mots.

p b t d

p

b

le public

t

d

la date

Je m'entraîne

1 ★ Entoure en rouge si tu entends « p », en bleu si tu entends « b ».

2 ★ Entoure en rouge si tu entends « t », en bleu si tu entends « d ».

10  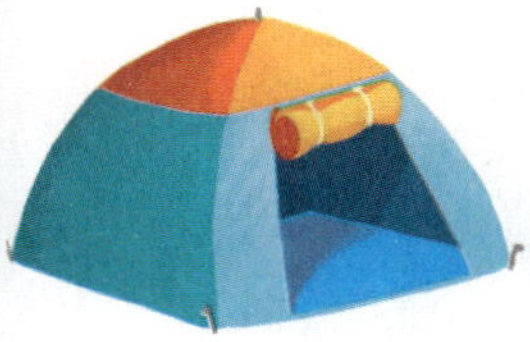 

3 ★★ Écris le son que tu entends au début de chaque mot.

 ____  ____  ____

BILAN ★★★ Complète les mots suivants.

ta ? / da ?		un ___bleau
ti ? / di ?		un ___sque
tu ? / du ?		la ___lipe
pa ? / ba ?		un ___lai
pi ? / bi ?		un ___geon
pu ? / bu ?		une ___lle

CORRIGÉS → LIVRET PARENTS p. 12

LECTURE / ORTHOGRAPHE

4 Le son « o »

LE COIN DES PARENTS

La plupart du temps, le son « **o** » s'écrit avec la lettre **o**. Il faut privilégier l'apprentissage de cette écriture. Votre enfant apprendra par cœur quelques mots très courants avec **au** et **eau**.

DICTÉE 4 → LIVRET PARENTS p. 7

Je retiens

du chocolat au lait

- Tu vois **o**, **au**, tu lis **o**.

un gâteau

- Tu vois **eau**, tu lis **o**.

Je sais faire

Écrire o, au et eau

- Copie les lettres et les mots.

o a u e

o

le loto

une moto

au

un crapaud

eau

un agneau

Je m'entraîne

1 ★ **Entoure les dessins quand tu entends le son « o ».**

2 ★★ **Entoure les lettres qui font le son « o » dans chaque mot.**

un escargot · la coccinelle · un crapaud · l'astronaute · le manteau

3 ★★ **Écris o ou eau quand il le faut.**

un cr___c___dile · *un agn___*

BILAN ★★★ **Recopie les mots dans le tableau :** *du chocolat – le métro – un drapeau – un dauphin – le polo – la taupe – un seau – la chaussette.*

Je vois o	Je vois au	Je vois eau

CORRIGÉS → LIVRET PARENTS p. 12

LECTURE / ORTHOGRAPHE

5 Les sons « l », « m », « n », « r »

LE COIN DES PARENTS

Faites remarquer à votre enfant qu'à l'oral, le « **m** » se prononce bouche fermée, le « **n** » bouche ouverte. À l'écrit, faites compter le nombre de jambages.

DICTÉE 5 → LIVRET PARENTS p. 7

Je retiens

une licorne

- Tu vois l, tu lis li.

un magicien

- Tu vois m, tu lis ma.

un navet

- Tu vois n, tu lis na.

un robot

- Tu vois r, tu lis ro.

Je sais faire

Écrire l, n, r et m

- Copie les lettres et les mots.

l n r m

l

n

la lune

r

m

une mare

Je m'entraîne

1 ★ Entoure en bleu les dessins quand tu entends « l ».
Entoure en rouge les dessins quand tu entends « r ».

2 ★ Complète avec m ou n.

un cha ___ eau

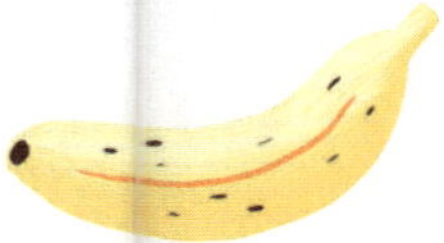

une ba ___ a ___ e

un ___ avet

3 ★★ Écris le son que tu entends au début de chaque mot.

 ___

___

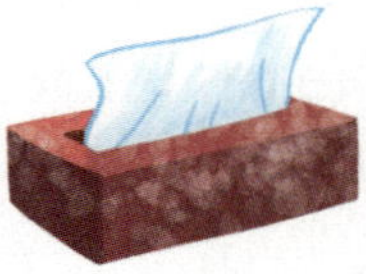 ___

BILAN ★★★ Complète les mots avec ces syllabes : mi – ri.

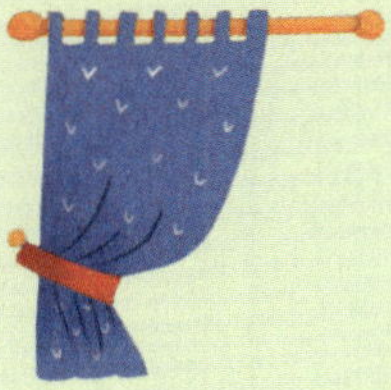

un ___ deau

une sou ___ s

une four ___

CORRIGÉS → LIVRET PARENTS p. 12

LECTURE / ORTHOGRAPHE

6 Les sons « é », « è »

LE COIN DES PARENTS

L'écriture des sons « **é** » et « **è** » présente des difficultés. Pour aider votre enfant, faites-lui remarquer la direction de l'accent.

DICTÉE 6 → LIVRET PARENTS p. 7

Je retiens

Quand tu écris é ou è, concentre-toi d'abord sur le tracé de la lettre e et fais l'accent après.

un éventail

un pompier

- Tu vois é, er, tu lis é.

la chèvre

les pêches

une fraise

une baleine

- Tu vois è, ê, ai, ei, tu lis è.

Je sais faire

Écrire é, è, ê et ez

- Copie les lettres et les mots.

é è ê

é

è

un élève

ê

la tête

le nez

Je m'entraîne

1 ★ **Dans les mots, entoure en rouge ce qui fait « é » et en bleu ce qui fait « è ».**

un balai

du papier

la fenêtre

une règle

une médaille

un peigne

le manège

2 ★★ **Entoure les lettres qui font le son « è ».**

un sifflet

la forêt

du lait

treize

le gruyère

la tête

BILAN ★★★ **Recopie les mots dans le tableau :** *un bébé – mon père – une poupée – le boucher – manger – la fenêtre – une reine – la semaine.*

J'entends « é »	J'entends « è »

CORRIGÉS → LIVRET PARENTS p. 12

LECTURE / ORTHOGRAPHE

7 Les sons « s », « z »

LE COIN DES PARENTS

La lettre **s** change de son selon les lettres qui l'entourent :
- entre deux voyelles, elle se prononce « **z** » ;
- quand elle suit une consonne, elle se prononce « **s** ».

DICTÉE 7 → LIVRET PARENTS p. 7

Je retiens

du sucre

une bosse

un cirque

un garçon

- Tu vois **s**, **ss**, **c**, **ç**, tu lis **su**, **se**, **si**, **son**.

un dinosaure

Suzanne

- Tu vois **s**, **z**, tu lis **zau**, **za**.

Je sais faire

Écrire s, c, ç et z

- Copie les lettres et les mots.

s c ç z

s

c

une sucette

ç

z

le garçon

le zoo

Je m'entraîne

1 ★ Entoure en bleu les dessins quand tu entends « s ».
Entoure en rouge le dessin quand tu entends « z ».

2 ★★ Entoure les lettres qui font le son « ss ».

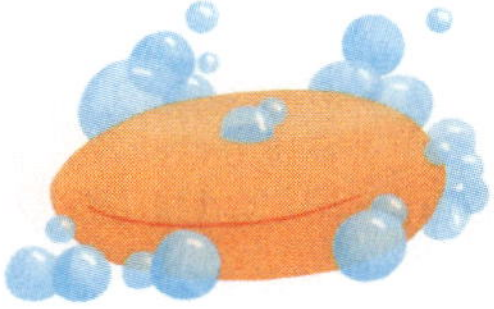
du savon

le pouce

un masque

la princesse

le soleil

BILAN ★★★ Complète les mots avec *s* ou *ss* :

une ta___e

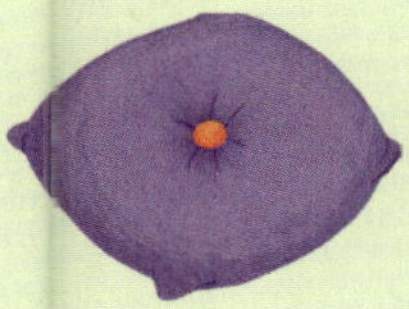
un cou___in

la fu___ée

une pa___oire

une ceri___e

CORRIGÉS → LIVRET PARENTS p. 12

LECTURE / ORTHOGRAPHE

8 Les sons « ou », « on »

LE COIN DES PARENTS

Pour aider votre enfant à ne pas confondre ces deux sons, faites-lui repérer les différences d'écriture dans des mots comme « mouton », « bouton »…

DICTÉE 8 → LIVRET PARENTS p. 7

Je retiens

une fourmi

où

Tu vois ou, où, tu lis ou.

la montagne

une trompette

Tu vois on, om, tu lis on.

Je sais faire

Écrire ou, on et om

Copie les lettres et les mots.

ou

tout

on

un rond

om

une trompette

Je m'entraîne

1 ★ **Si c'est possible, entoure en rouge les lettres qui font le son « ou ». Entoure en bleu celles qui font le son « on ».**

une tomate

une bouteille

du savon

un cochon

un bonnet

un bouton

un pompier

un hibou

2 ★★ **Complète les mots avec *on* ou *ou*.**

une t____pie

un champign____

un b____ch____

BILAN ★★★ **Coche la réponse qui convient.**

Dans « pantalon » et « toupie », les lettres en rouge se prononcent de la même façon.	☐ Vrai	☐ Faux
On entend le son « ou » dans « fourmi » et « mousse ».	☐ Vrai	☐ Faux
On entend le son « on » dans « maison » et « poussin ».	☐ Vrai	☐ Faux
Le son « on » peut s'écrire avec les lettres o et m.	☐ Vrai	☐ Faux

CORRIGÉS → LIVRET PARENTS p. 12

LECTURE / ORTHOGRAPHE

9 Les sons « in », « an »

LE COIN DES PARENTS
Le son « **en** » s'écrit aussi souvent avec les lettres **en** qu'avec les lettres **an**. Le son « **in** » s'écrit le plus souvent **in**.

DICTÉE 9 → LIVRET PARENTS p. 8

Je retiens

le lapin

la peinture

un train

- Tu vois in, ein, ain, tu lis in.

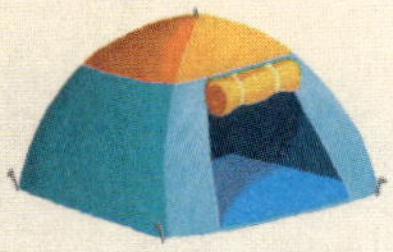
une tente

le volcan

- Tu vois en, an, tu lis an.

Je sais faire

Écrire in, ain, an et en

- Copie les lettres et les mots.

in

ain

demain

an

en

l'enfant

Je m'entraîne

1 ★ Entoure la syllabe qui contient le son « in ».

un coussin

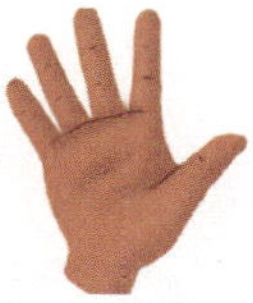
une main

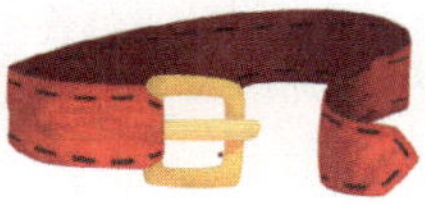
une ceinture

une princesse

2 ★★ Entoure la syllabe qui contient le son « an ».

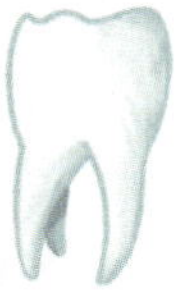
une dent

un panda

la cantine

le manteau

3 ★★ Retrouve les mots et écris-les.

in •	• main	→	information
cein •	• formation	→	
sa •	• lin	→	
de •	• pin	→	
mou •	• ture	→	

BILAN ★★★ Coche la réponse qui convient.

Dans « tente » et « panda », les lettres en rouge se prononcent de la même façon.	☐ Vrai	☐ Faux
Le son « in » s'écrit d'une seule façon.	☐ Vrai	☐ Faux
Dans « sapin » et « ceinture », on entend le son « in ».	☐ Vrai	☐ Faux
Dans la phrase : « Les élèves entrent en classe. », on n'entend pas le son « an ».	☐ Vrai	☐ Faux

CORRIGÉS → LIVRET PARENTS p. 12

LECTURE / ORTHOGRAPHE

10 Les sons « f », « v »

LE COIN DES PARENTS
Cette leçon permet de vérifier que votre enfant distingue bien les sons « **f** » et « **v** », à l'oral et à l'écrit. Le son « **f** » s'écrit le plus souvent avec la lettre **f**.

DICTÉE 10 → LIVRET PARENTS p. 8

Je retiens

une **fi**lle

un télé**pho**ne

- Tu vois **f**, **ph**, tu lis **fi**, **fo**.

le **vi**sage

la **voi**ture

- Tu vois **v**, tu lis **vi**, **voi**.

Je sais faire

Écrire f, ph et v

- Copie les lettres et les mots.

f ph v

f

une famille

ph

une photo

v

un vélo

Je m'entraîne

1 ★ Complète avec *f* ou *v*.

du sa_on — *un _erre* — *la _usée* — *une gira_e*

2 ★★ Coche la réponse qui convient.

Tu entends
- ☐ « frai »
- ☐ « vrai »

Tu entends
- ☐ « fre »
- ☐ « vre »

Tu entends
- ☐ « fre »
- ☐ « vre »

Tu entends
- ☐ « fre »
- ☐ « vre »

BILAN ★★★ Recopie plusieurs fois le mot qui correspond au dessin.

un rêve – une fée – une frite :

la valise – une voleuse – la fiche :

un devin – un dessin – un dauphin :

une vache – un cheval – un félin :

CORRIGÉS → LIVRET PARENTS p. 12

 ☐  ☐  ☐

LECTURE / ORTHOGRAPHE

11 Les sons « ch », « j »

LE COIN DES PARENTS
Les sons « **ch** » et « **j** » sont proches. Cependant, à l'écrit, la reconnaissance du « **ch** » est facilitée, car présente dans de nombreux mots connus des enfants.

DICTÉES 11 ET 12 → LIVRET PARENTS p. 8

Je retiens

le chevreuil

le chameau

- Tu vois **ch**, tu lis **che**, **cha**.

jupe

bougie

- Tu vois **j**, **g**, tu lis **ju**, **gi**.

Je sais faire

Écrire ch, g et j

- Copie les lettres et les mots.

ch g j

ch
chez
un chat
g
j
juger

Je m'entraîne

1 ★ Complète avec *ch*, *j* ou *g*.

ch ? / *j* ? 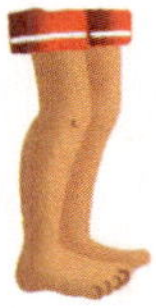

les ___ambes

ch ? / *j* ? 

le bou___on

ch ? / *g* ? 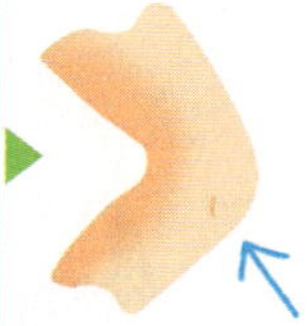

le ___enou

2 ★★ Complète cette grille de mots croisés.

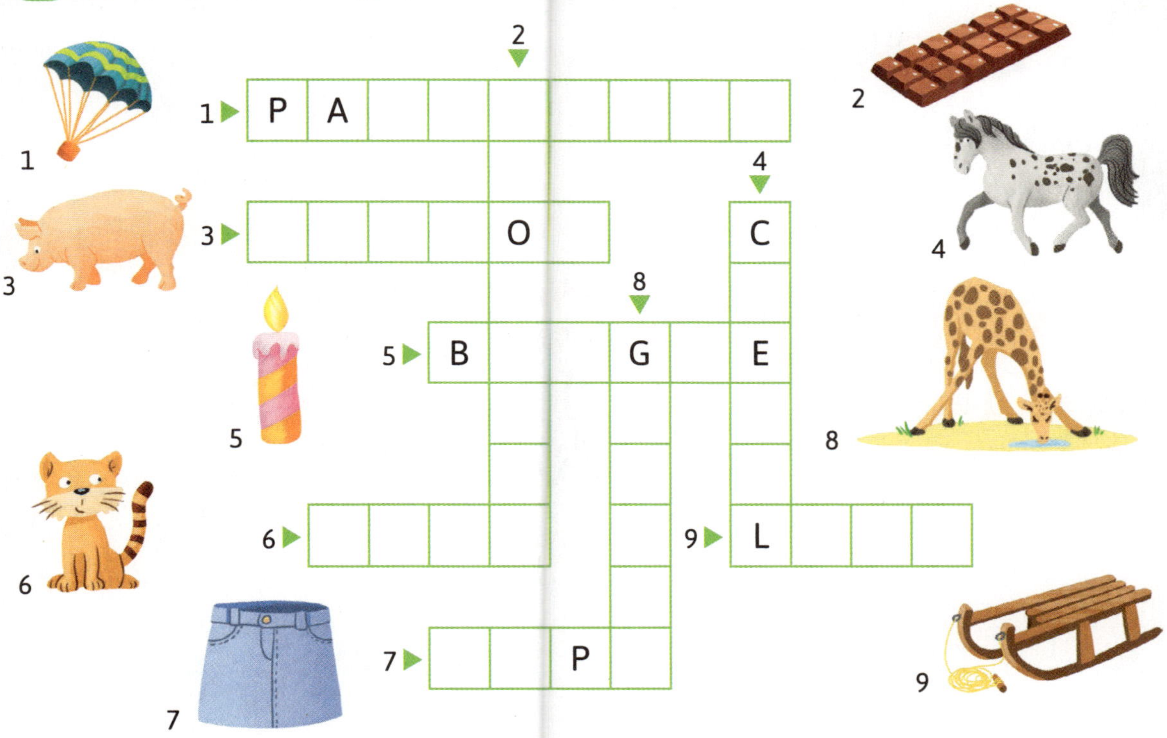

BILAN ★★★ Recopie le mot qui correspond au dessin.

un parapluie – un parachute – un parasol :

une ruche – une tige – une luge :

CORRIGÉS → LIVRET PARENTS p. 12

LECTURE / ORTHOGRAPHE

12 Les sons « k », « g »

LE COIN DES PARENTS
Pour le son « **k** », il est préférable d'insister sur la mémorisation des écritures les plus utilisées, **c** et **qu**, l'utilisation de la lettre **k** étant plus rare.

DICTÉE 13 → LIVRET PARENTS p. 8

Je retiens

un masque

un cartable

- Tu vois qu, c, tu lis ke, ka.

un gâteau

une vague

- Tu vois g, gu, tu lis ga, gue.

Je sais faire

Écrire k, q et g

- Copie les lettres et les mots.

k q g

k

q

un kiosque

g

grand

une vague

Je m'entraîne

1 ★ **Complète les mots avec** gue **ou** que**.**

une ba

une bri

un cir

une va

un dis

2 ★★ **Coche la réponse qui convient.**

Tu entends
- ☐ « gro »
- ☐ « cro »

Tu entends
- ☐ « cra »
- ☐ « gra »

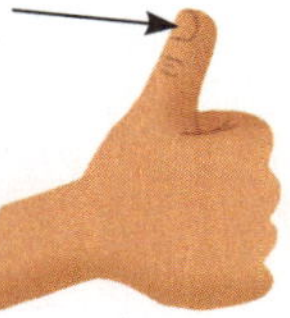

Tu entends
- ☐ « cle »
- ☐ « gle »

Tu entends
- ☐ « cli »
- ☐ « gli »

BILAN ★★★ **Coche la réponse qui convient.**

Dans « singe » et « guitare », la lettre g se prononce de la même façon.	☐ Vrai	☐ Faux
Le son « g » s'écrit d'une seule façon.	☐ Vrai	☐ Faux
Dans « phoque » et « caravane », on entend le son « k ».	☐ Vrai	☐ Faux
Dans « koala », « cabane » et « quartier », les lettres en rouge se prononcent de la même façon.	☐ Vrai	☐ Faux

CORRIGÉS → LIVRET PARENTS p. 12

Bien dans ma vie d'écolier !
Français
Maths
Espace - Temps EMC
Sciences
Anglais

13

LECTURE / ORTHOGRAPHE

Le son « eu »

LE COIN DES PARENTS

Le son « **eu** » peut s'écrire **eu** ou **œu**. Ce n'est pas la prononciation qui permet de choisir l'écriture du son : les groupes de lettres **eu** et **œu** peuvent se prononcer comme dans **feu** et **nœud** ou comme dans **facteur** et **cœur**.

DICTÉE 14 → LIVRET PARENTS p. 8

Je retiens

du feu

du beurre

un œuf

- Tu vois **eu**, **œu**, tu lis **eu**.

Je sais faire

Écrire eu et œu

- Copie les lettres et les mots.

eu

neuf

des cheveux

œu

œuf

ma sœur

Je m'entraîne

1 ★ **Entoure les lettres qui font le son « eu ».**

le facteur

une fleur

un bœuf

des œufs

2 ★★ **Recopie les mots dans le tableau :**

un feutre – un noeud – le plongeur – un cœur.

Je vois eu	Je vois œu

3 ★★ **Complète avec *eu* ou *œu*.**

un p……n

un tract……r

sa s……r

BILAN ★★★ **Coche la réponse qui convient.**

Dans « jeudi » et « deux », les lettres en rouge se prononcent de la même façon.	☐ Vrai	☐ Faux
Dans « heure » et « cœur », on entend le son « eu ».	☐ Vrai	☐ Faux
Il existe une seule écriture du son « eu ».	☐ Vrai	☐ Faux

CORRIGÉS → LIVRET PARENTS p. 13

14

LECTURE / ORTHOGRAPHE

Les sons « oi », « ion », « oin », « ieu », « ien », « ier »

LE COIN DES PARENTS

Il s'agit de sons complexes qui contiennent tous un **i**.
Votre enfant doit fixer l'ordre précis des lettres afin de lire le son exact.

DICTÉES 15 ET 16 → LIVRET PARENTS p. 9

Je retiens

un roi

- Tu vois oi, tu lis oi.

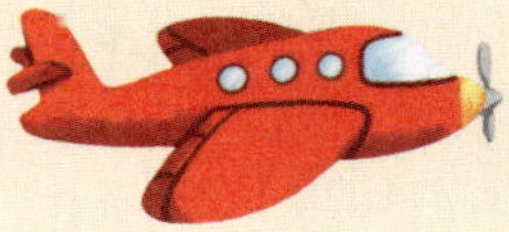

un avion

- Tu vois ion, tu lis ion.

un point

- Tu vois oin, tu lis oin.

le milieu

- Tu vois ieu, tu lis ieu.

un chien

- Tu vois ien, tu lis ien.

un pompier

- Tu vois ier, tu lis ier.

Je sais faire

Écrire oi, ion, oin, ieu, ien et ier

- Copie les mots.

voir l'avion

loin

rien

un vieux panier

Je m'entraîne

1 ★ **Relie chaque dessin à ce que tu entends.**

« oi » « ion » « oin »

2 ★★ **Complète les mots avec** *ien*, *ieu* **ou** *ier*.

du pap ______ un magic ______ le v ______ x mons ______ r

BILAN ★★★ **Coche la réponse qui convient.**

Dans « camion » et « pointu », les lettres en rouge se prononcent de la même façon.	☐ Vrai	☐ Faux
Dans « avoine » et « pivoine », on entend le son « oin ».	☐ Vrai	☐ Faux
Dans le son « ier » de « pommier », e et r font le son « é ».	☐ Vrai	☐ Faux
On trouve le nom des habitants de Paris en ajoutant le son « ien » à la fin de Paris.	☐ Vrai	☐ Faux

CORRIGÉS → LIVRET PARENTS p. 13

LECTURE / ORTHOGRAPHE

15 Le son « gn »

LE COIN DES PARENTS

Le son « **gn** » est très proche du son « **ni** » (de « panier » par exemple).
Seul le son « **gn** », écrit avec **g** et **n**, est abordé ici.

DICTÉE 17 → LIVRET PARENTS p. 9

Je retiens

la montagne

un champignon

Tu vois gn, tu lis gne, gnon.

Je sais faire

Écrire gn

Copie les mots.

un agneau
gagner
une vigne
soigner
un cygne
le signal

Je m'entraîne

1 ★ Entoure le dessin si tu entends le son « gn ».

2 ★★ Remets les syllabes dans l'ordre et écris le mot.

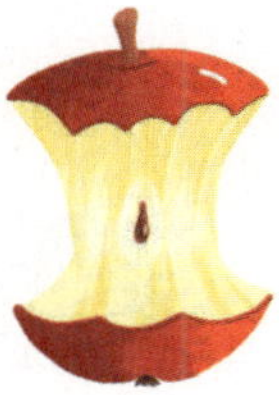 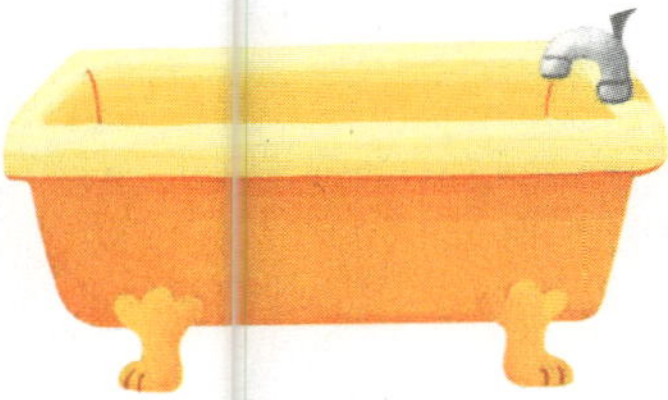 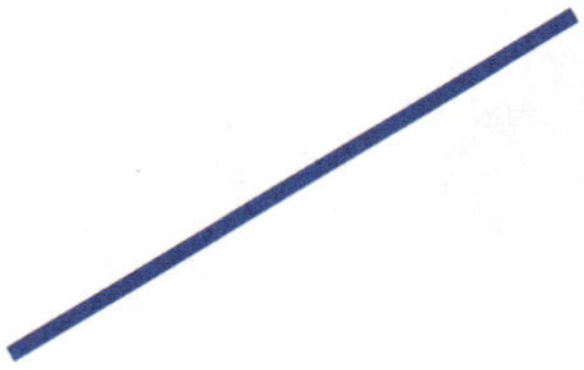

gnon	tro

le ______________

gnoi	re	bai

la ______________

gne	li

la ______________

BILAN ★★★ Complète avec le mot juste : gagne – baigne – soigne – grignote.

Le médecin ______________ les malades.

Lucas se ______________ dans la mer.

Elle ______________ la course.

Je ne ______________ pas entre les repas.

CORRIGÉS → LIVRET PARENTS p. 13

LECTURE / ORTHOGRAPHE

16 Les sons « ail », « eil », « euil »

LE COIN DES PARENTS

La lecture de ces sons complexes se fait en deux temps : d'abord la reconnaissance du groupe de lettres **il** ou **ille** se prononçant « **y** », puis l'ajout d'une voyelle modifiant le son.

DICTÉES 18 ET 19 → LIVRET PARENTS p. 9

Je retiens

un éventail

la paille

- Tu vois **ail**, **aille**, tu lis **ail**.

le soleil

une abeille

- Tu vois **eil**, **eille**, tu lis **eil**.

l'écureuil

une feuille

- Tu vois **euil**, **euille**, tu lis **euil**.

Trop mignon l'écureuil !

Trop belle l'abeille !

Je sais faire

Écrire ail, eil, euil

- Copie les mots.

le travail
le soleil
des fauteuils
une volaille
l'oreille
la feuille

Je m'entraîne

1 ★ **Relie chaque dessin à ce que tu entends.**

« **ail** » « **eil** » « **euil** »

2 ★★ **Retrouve les mots et écris-les.**

dét	eille	→
chevr	ail	→ détail
ab	euil	→
sol	eil	→

BILAN ★★★ **Complète les mots avec** *ail/aille*, *eil/eille* **ou** *euil/euille*.

un rév

un faut

une f

le port

une méd

la corb

CORRIGÉS → LIVRET PARENTS p. 13

17 Les sons « elle », « ette », « erre », « esse »

LECTURE / ORTHOGRAPHE

LE COIN DES PARENTS

Le doublement de la consonne transforme la prononciation du **e** qui précède en **è**. Entraînez votre enfant à la reconnaissance de ces groupes de lettres.

DICTÉES 20 À 22 → LIVRET PARENTS p. 9 et 10

Je retiens

une poub**elle**

- Tu vois **elle**, tu lis **èlle**.

des servi**ettes**

- Tu vois **ette**, tu lis **ètte**.

un v**erre**

- Tu vois **erre**, tu lis **èrre**.

une princ**esse**

- Tu vois **esse**, tu lis **èsse**.

Je sais faire

Écrire elle, ette, erre, esse

- Copie les mots.

la poubelle
la serviette
le verre
la presse
la vitesse
la pierre

Je m'entraîne

1 ★ **Relie chaque dessin à ce que tu entends.**

« elle » « ette » « erre » « esse »

2 ★★ **Barre l'intrus dans chaque liste.**

- la terre – un verre – une pelle – le tonnerre
- la vaisselle – une demoiselle – le lierre – une femelle
- des allumettes – des caresses – la maîtresse – une hôtesse
- une fourchette – la noisette – des lunettes – la doctoresse

BILAN ★★★ **Complète les mots avec : elle – ette – erre – esse.**

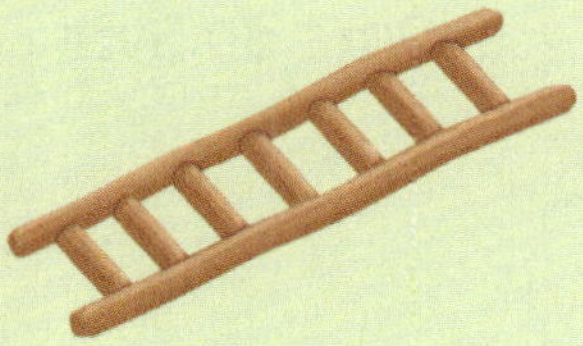

une éch

une pi

la maîtr

la t

des lun s

une ogr

CORRIGÉS → LIVRET PARENTS p. 13

LECTURE / ÉCRITURE

18 La couverture d'un livre

LE COIN DES PARENTS
En relevant des informations sur la couverture d'un livre, votre enfant construit une première représentation du récit, qui va l'aider à comprendre l'histoire.

Je retiens

- La couverture donne beaucoup d'**informations** sur le livre. Il existe des mots précis pour en parler.

le dos

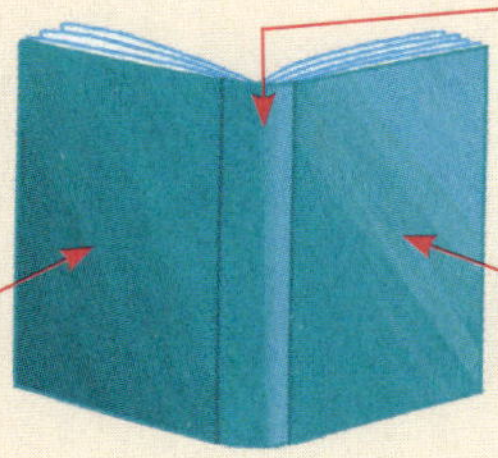

quatrième page de couverture

première page de couverture

Je sais faire

Connaître les mots pour parler de la couverture d'un livre

un **court texte** : il présente l'histoire et donne envie de la lire

la **collection** : un ensemble de livres avec un point commun

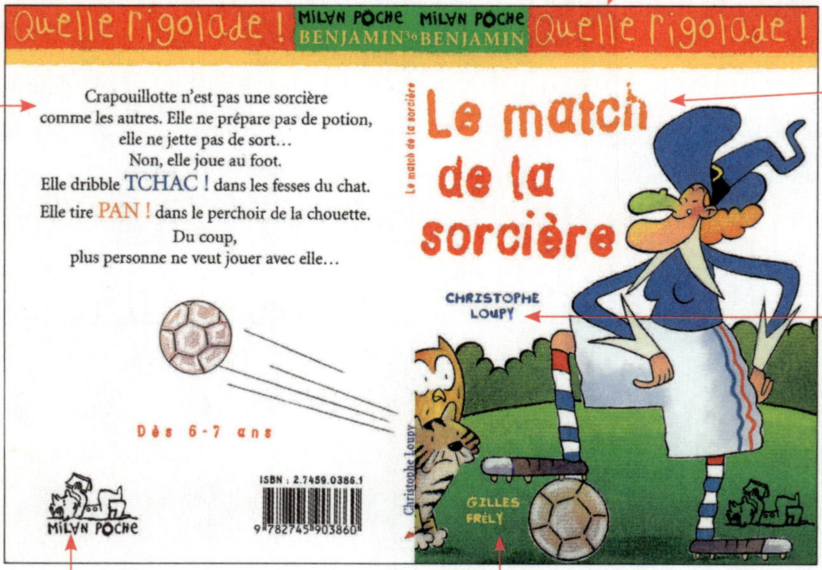

le **titre** du livre

le **nom de l'auteur** : il a écrit l'histoire

l'**éditeur** : il fabrique et met en vente le livre

le **nom de l'illustrateur** : il a fait les dessins de l'histoire

Je m'entraîne

1 ★ **Observe bien la couverture de ce livre.**

- **Quel est le titre du livre ?**

____

- **Quel est le nom de l'auteur ?**

____

- **Quel est le nom de l'illustrateur ?**

____

- **Quel est le nom de l'éditeur ?**

Entoure la bonne réponse.

premières lectures – Nathan – Aurélien Débat

2 ★★ **Lis le texte sur la couverture du livre dans le Je sais faire et réponds aux questions.**

- **Qui est le personnage principal de l'histoire ?** ______________

- **De quels personnages parle-t-on ? Barre les réponses fausses.**

Crapouillotte – Max – la chouette – le chien – le chat

- **Pourquoi plus personne ne veut jouer avec elle ? Coche la bonne réponse.**

☐ Elle triche. ☐ Elle est maladroite. ☐ Elle joue trop bien.

BILAN ★★★ **Coche la bonne réponse.**

Sur la couverture d'un livre, il y a toujours le titre.	☐ Vrai	☐ Faux
Le nom de l'auteur peut être écrit au-dessus ou en dessous du titre.	☐ Vrai	☐ Faux
On trouve la liste des personnages sur la couverture.	☐ Vrai	☐ Faux
L'éditeur est la personne qui écrit l'histoire.	☐ Vrai	☐ Faux

CORRIGÉS → LIVRET PARENTS p. 13

LECTURE / ÉCRITURE

19 Le documentaire

LE COIN DES PARENTS
La compréhension de texte est travaillée à partir d'un type d'écrit : le documentaire.
Il s'agit de travailler la lecture pour « apprendre ».

Je retiens

- Un texte documentaire donne des **informations** au lecteur.

LE HIBOU

En tournant **la tête**, il peut voir derrière lui.

Ses **yeux** sont immobiles. Le hibou voit très bien dans la nuit.

Ses **ailes** ont de grandes plumes appelées « **rémiges** ».

Ses **griffes** sont recourbées. Ce sont des **serres**.

Je sais faire

Lire des informations dans un documentaire

- Les informations te renseignent sur quelque chose (ici : le hibou).
- Elles sont souvent écrites à l'aide de **mots scientifiques** ou **techniques**.
- Si tu ne les connais pas, tu peux les chercher dans un **dictionnaire**.
  Serres : griffes recourbées et puissantes de certains oiseaux (aigle, vautour...).
- Les informations sont souvent classées par **thèmes** **(apparence, nourriture...)** et regroupées sous un **titre** **(Son apparence, Sa nourriture...)**.

Je m'entraîne

1 ★ **Quelles sont les parties du corps du hibou dont on parle page 42 ? Coche les bonnes réponses.**

☐ sa tête	☐ son bec	☐ ses ailes	☐ ses pattes
☐ ses yeux	☐ ses oreilles	☐ ses griffes	☐ sa queue

2 ★★ **Écris V (vrai) ou F (faux) dans les cases.**

☐ .... Le hibou ne peut pas tourner la tête.

☐ .... Ses griffes sont des serres.

☐ .... Ses ailes ont de grandes plumes.

3 ★★★ **Voici d'autres informations sur le hibou. Relie-les au titre qui convient.**

Il se nourrit de petits rongeurs. •	• son cri
Il ulule : « Hou ! Hou ! Hou ! » •	• ses déplacements
Il vole silencieusement. •	• sa nourriture

BILAN ★★★ **Complète ce texte documentaire avec :** *pattes* – *grotte* – *fruits* – *souple*. **Relie ensuite au titre qui convient.**

L'ours est puissant et ______________. •	• son habitat
Il vit dans une ______________. •	• son apparence
Il se déplace à quatre ______________. •	• sa nourriture
Il mange des animaux, mais préfère les plantes et les ______________. •	• ses déplacements

CORRIGÉS → LIVRET PARENTS p. 13

LECTURE / ÉCRITURE

20 Les personnages d'un récit

LE COIN DES PARENTS
Il s'agit de vérifier que votre enfant comprend un récit en repérant les personnages, puis en répondant à des questions sur leurs portraits.

Je retiens

- Pour comprendre une histoire, tu dois repérer les **personnages**.

Ce matin, Tom emmène sa sœur à l'école. Mais Élise traîne, elle ne veut pas quitter son ourson en peluche.

Le bonhomme est rouge. Mais Tom veut traverser, car ils sont en retard ! Quand Élise laisse tomber son ourson...

Ouf ! Grâce à l'ourson en peluche d'Élise, les deux enfants n'ont pas traversé la rue. Ils sont sains et saufs !

Finalement, l'ourson vient aussi dans la classe. La maîtresse lui donne la médaille du « Code de la route ».

Dans cette histoire, il y a trois personnages : Tom, Élise et la maîtresse.

Je sais faire

Repérer les personnages d'une histoire

- Les personnages d'un récit peuvent être :
  – réels, vrais ;
  une fille – un papa – des pompiers – un chien
  – ou imaginaires.
  un dragon – une fée – une sirène – un ogre – un monstre – des extraterrestres

Je m'entraîne

1 ★ **Coche le nom du personnage.**

 ☐ Élise ☐ Tom ☐ la maîtresse

 ☐ Élise ☐ Tom ☐ la maîtresse

 ☐ Élise ☐ Tom ☐ la maîtresse

2 ★ **Relie chaque personnage à son portrait.**

C'est un garçon. Il est le frère d'Élise. •	• La maîtresse
C'est une femme qui enseigne à l'école. •	• Tom
C'est une petite fille. Son doudou est un ourson. •	• Élise

3 ★★ **Recopie les paroles de chaque personnage :**

Je te remets la médaille du « Code de la route ».	Vite ! On est en retard !	J'adore mon nounours !

Élise : ______________________________

Tom : ______________________________

La maîtresse : ______________________________

BILAN ★★★ **Réponds par vrai ou faux.**

Dans toutes les histoires, il y a des personnages.	☐ Vrai	☐ Faux
Les personnages sont toujours imaginaires.	☐ Vrai	☐ Faux
Une sorcière peut être un personnage de conte.	☐ Vrai	☐ Faux
Une histoire peut avoir un seul personnage.	☐ Vrai	☐ Faux

CORRIGÉS → LIVRET PARENTS p. 13

LECTURE / ÉCRITURE

21 Le temps et le lieu d'un récit

LE COIN DES PARENTS

L'objectif est de s'assurer que votre enfant comprend un récit en repérant quand et où se passe l'histoire.

DICTÉE 23 → LIVRET PARENTS p. 10

Je retiens

- Une histoire se déroule dans un **lieu**.

à la campagne

en Chine

sur la Lune

au cinéma

- Elle se passe à un **moment donné**.

dans le passé	au présent	dans le futur
à la préhistoire	aujourd'hui	dans 20 ans
il y a 100 ans	maintenant	l'année prochaine
hier	en ce moment	demain

Je sais faire

Repérer le lieu d'une histoire

- Pour trouver le lieu d'une histoire, on pose la question **Où ?**

Le Petit Poucet se passe dans la forêt.

Où se passe l'histoire ? Dans la forêt.

Repérer le temps d'une histoire

- Pour trouver le temps d'une histoire, on pose la question **Quand ?**

La Tribu des Préhistos raconte les aventures d'un garçon vivant à la préhistoire.

Quand se passe l'histoire ? À la préhistoire.

Je m'entraîne

1 ★ **Relie à la bonne étiquette.**

dans les étoiles •		• dans le futur
jadis •	• temps •	• la semaine prochaine
aujourd'hui •		• à la plage
au jardin •	• lieu •	• en France
sur un bateau •		• en 2018

2 ★ **Barre l'intrus dans chaque liste (le mot qui n'est pas un lieu).**

- une cabane – un immeuble – une cuisine – une pizza – un château
- la mer – la montagne – un volcan – une rivière – un éléphant
- Paris – les habitants – l'Australie – le ciel – l'espace

3 ★★ **Souligne les mots qui indiquent le temps.**

Autrefois, un bûcheron avait 7 fils.

Un jour, il ne peut plus les nourrir.

Le bûcheron décide d'abandonner ses fils dans la forêt le lendemain.

Le Petit Poucet réussit à ramener ses frères à la maison le soir même.

Plus tard, leur père les emmène à nouveau dans la forêt.

BILAN ★★★ **Complète le texte avec les mots suivants :** *le futur – le présent – la préhistoire – le temps.*

Dans sa machine à remonter ______________________,
le professeur Temporis voyage à travers les âges.
À ______________________, il part à la chasse au mammouth.
Son voyage se poursuit dans ______________________ :
il découvre la vie extraterrestre sur Pluton.
Enfin, le professeur Temporis revient à notre époque,
dans ______________________.

CORRIGÉS → LIVRET PARENTS p. 13

LECTURE / ÉCRITURE

22 Un personnage connu : l'ogre

LE COIN DES PARENTS
Votre enfant apprend à repérer les caractéristiques d'un personnage à travers l'exemple de l'ogre, figure récurrente dans la littérature jeunesse.

Je retiens

- Un personnage se reconnaît grâce à son aspect physique et à son caractère.

L'ogre dans *Le Petit Poucet*

Je sais faire

Reconnaître l'ogre dans les histoires

- L'ogre est un **personnage de contes**. On le retrouve dans *Le Petit Poucet*, *Le Chat botté*, *Baba Yaga*. Il ressemble à un géant, il est cruel et mange souvent de petits enfants.
- On trouve aussi des ogres et des ogresses dans de nombreuses **histoires modernes**.
  Shrek – Un bon petit ogre – L'ogre qui avait peur des enfants
  Ils sont parfois effrayants, comme dans les contes, mais ils peuvent aussi être gentils, drôles et parfois un peu bêtes !

Je m'entraîne

1 ★ **Entoure les ogres.**

2 ★ **Complète le portrait de l'ogresse avec les mots suivants :** 99 – grande – ventre – cage – bonbons.

L'ogresse s'appelle Polissonne. Elle a ________________ ans.

Elle est ________________. Sa tête est ronde

et elle a un gros ________________.

Elle attire les enfants chez elle avec des ________________.

Ensuite, elle les enferme dans une ________________.

3 ★★ **Lis les phrases et dessine l'ogre.**

C'est un ogre tout rouge.

Il a un gros nez et des dents pointues.

Il a une moustache et une barbe.

Il porte un long manteau et des bottes.

Il a l'air méchant.

BILAN ★★★ **Réponds par vrai ou faux.**

L'ogre est un personnage imaginaire.	☐ Vrai	☐ Faux
Dans *Les Trois Petits Cochons*, il y a un ogre.	☐ Vrai	☐ Faux
L'ogre mange toujours beaucoup.	☐ Vrai	☐ Faux
Dans *Le Petit Poucet*, l'ogre possède des bottes magiques.	☐ Vrai	☐ Faux

CORRIGÉS → LIVRET PARENTS p. 14

LECTURE / ÉCRITURE

23 La règle du jeu

LE COIN DES PARENTS

La compréhension de texte est travaillée à partir d'un autre type d'écrit : la règle du jeu.
Il s'agit de travailler la lecture pour « faire ».

Je retiens

- La règle d'un jeu est un écrit qui respecte, lui aussi, des règles.

Le béret

Durée : 10 minutes

Matériel nécessaire : un béret (ou un ballon)

Nombre de joueurs : 2 équipes avec le même nombre de joueurs – un arbitre

But du jeu : être le plus rapide à rapporter le ballon dans son camp.

Déroulement :

L'arbitre place le ballon au milieu du terrain.
Dans chaque équipe, chaque joueur reçoit un numéro. L'arbitre appelle un numéro.
Le joueur qui porte ce numéro doit récupérer le ballon le plus vite possible et le ramener dans son équipe.
L'équipe qui a récupéré le ballon marque un point.

Je sais faire

Reconnaître la règle d'un jeu

- La règle d'un jeu donne :
  - le nom du jeu
  - le nombre de joueurs
  - la durée d'une partie
  - le matériel
  - le but du jeu
  - le déroulement de la partie

Je m'entraîne

1 ★ **Entoure le document qui est une règle du jeu.**

Jeu de l'oie

Nombre de joueurs :
2 ou 4

Matériel :
1 dé

Jean Petit qui danse

Jean Petit qui danse (bis)

De son doigt il danse (bis)

De son doigt, doigt, doigt

Quatre-quarts

Pour 6 personnes

Ingrédients :
3 œufs entiers
250 g de farine

2 ★★ **Recopie les mots suivants à leur place :** *durée – nombre de joueurs – matériel – but du jeu.*

Mikado

____________ : entre 10 et 20 minutes

____________ : 41 baguettes de bois

____________ : au minimum 2

____________ : ramasser le plus de baguettes

Déroulement :

Prendre toutes les baguettes dans une main. Poser le poing serré sur la table et laisser tomber les baguettes.

À tour de rôle, retirer une baguette sans faire bouger les autres.

Rejouer si la baguette a été ramassée sans en déplacer une autre. Sinon, passer au joueur suivant.

BILAN ★★★ **Réponds par vrai ou faux.**

Une règle du jeu donne le nom des joueurs.	☐ Vrai	☐ Faux
Il existe plusieurs jeux de cartes.	☐ Vrai	☐ Faux
Pour faire des crêpes, j'ai besoin d'une règle du jeu.	☐ Vrai	☐ Faux
Dans tous les sports, les joueurs respectent des règles du jeu.	☐ Vrai	☐ Faux

CORRIGÉS → LIVRET PARENTS p. 14

GRAMMAIRE / LEXIQUE

24 La phrase

LE COIN DES PARENTS
Votre enfant apprend à reconnaître les éléments caractéristiques d'une phrase : elle a un sens et elle contient des signes de ponctuation (majuscule et point).

DICTÉE 24 → LIVRET PARENTS p. 10

Je retiens

- Une phrase est formée d'un **ensemble de mots**. Elle a un **sens**.

  Dormons je lit au
  Cela n'a aucun sens. Ce n'est pas une phrase.

  Je dors dans mon lit.
  Cela a un sens. C'est une phrase.

- Une phrase commence par une **majuscule** et se termine par un **point**.

Le garçon joue aux billes.
majuscule ↑ (L) — point ↑ (.)

Je sais faire

Retrouver les phrases d'un texte

- On repère les phrases grâce à la ponctuation.
  Le renard s'approche du poulailler pendant la nuit. Aussitôt, c'est l'affolement parmi les poules.

Repérer le sens d'une phrase

- Pour qu'un ensemble de mots forme une phrase, il faut qu'il ait un sens.

  Le mange poulailler des poules.
  Cela n'a pas de sens : ce n'est pas une phrase.

  Le chien vient chasser le renard.
  Cela a un sens : c'est une phrase.

Je m'entraîne

1 ★ **Lis ce texte et indique le nombre de phrases qu'il contient.**

« La petit fille s'assoit à côté de son papa. Alors, il ouvre le livre de contes. Il commence à lire une histoire de sorcière et de dragon. »

Il y a .... phrases dans ce texte.

2 ★★ **Reconstitue la phrase avec les mots suivants.**

son – Le – répare – tracteur – fermier

____ .

3 ★★ **Barre ce qui n'est pas une phrase.**

- Nous partons à la mer.
- Les lions vivent dans un.
- silence arbre le mon grand reste.
- Vous n'êtes pas venus hier matin.

4 ★★★ **Sépare les phrases de ce texte par un trait.**

on arrive au château par un grand portail le parc est entretenu par de nombreux jardiniers le château apparaît au bout d'une grande allée il est superbe

BILAN ★★★ **Recopie le texte de l'exercice 4 en plaçant les points et les majuscules.**

CORRIGÉS → LIVRET PARENTS p. 14

GRAMMAIRE / LEXIQUE

25 Le verbe

LE COIN DES PARENTS
L'objectif est ici de faire remarquer à votre enfant que le verbe, mot central de la phrase, change de forme, selon le temps et la personne.

DICTÉE 25 → LIVRET PARENTS p. 10

Je retiens

- Le verbe est un mot qui indique le plus souvent ce que fait :

une **personne**	un **animal**	une **chose**

Le bébé **marche**.	Les chats **jouent**.	La moto **fonce**.
verbe **marcher**	verbe **jouer**	verbe **foncer**

- Devant le verbe, on peut trouver :
– un **groupe de mots** ;
Le bébé   Les chats   La moto
– un **petit mot** (je, tu, il, elle, on, nous, vous, ils, elles).
Il marche.   Ils jouent.   Elle fonce.

Je sais faire

Écrire la fin du verbe

- Quand il y a **je**, **il**, **elle** ou **on** devant le verbe, celui-ci s'écrit avec un **e** à la fin.

je parle – elle mange – il dessine – on arrive

- Quand il y a **ils** ou **elles** devant le verbe, celui-ci s'écrit **ent** à la fin.

ils chantent – elles nagent

Je m'entraîne

1 ★ **Souligne le verbe dans chaque liste.**

- j'avance – lion – maison
- une table – la fleur – il monte
- ordinateur – elles écoutent – la souris

2 ★ **Relie les différentes écritures du même verbe.**

visiter	elle entre	ils dansent
danser	il visite	elles entrent
entrer	je danse	ils visitent

3 ★★ **Écris *e* ou *ent* à la fin du verbe.**

- Elle achèt.............. un gâteau.
- Ils préfèr.............. le chocolat.
- Il enfil.............. son manteau.
- Elles ajout.............. du sucre.

BILAN ★★★ **Réponds par vrai ou faux.**

Le verbe est un mot qui indique ce que l'on fait.	☐ Vrai	☐ Faux
Dessiner et chanter sont des verbes.	☐ Vrai	☐ Faux
L'écriture du verbe ne peut pas changer.	☐ Vrai	☐ Faux
Il y a deux verbes dans la phrase suivante : « Léa chante et danse. »	☐ Vrai	☐ Faux

CORRIGÉS → LIVRET PARENTS p. 14

GRAMMAIRE / LEXIQUE

26 Le nom

LE COIN DES PARENTS
Votre enfant commence à apprendre que le nom et le déterminant fonctionnent ensemble. Ils vont donc s'accorder en genre et en nombre.

DICTÉE 26 → LIVRET PARENTS p. 11

Je retiens

- Un nom désigne une **personne**, un **animal** ou une **chose**.
- Il existe des noms communs et des noms propres.

– Le **nom commun** désigne :

une personne	un animal	une chose

le facteur	le lapin	une ville

– Il est très souvent accompagné d'un petit mot placé devant lui : le, la, un, une, des, les, mon, ce...

– Le **nom propre** est le nom particulier donné à une personne, un animal ou une chose. Il commence par une majuscule.

Gaston (le facteur) Bubulle (le lapin) Paris (une ville)

Je sais faire

Écrire le féminin d'un nom

- Le plus souvent, tu ajoutes un -e à la fin du nom masculin.
  un ami → une amie

Écrire le pluriel d'un nom

- En général, tu ajoutes un -s à la fin du mot.
  un pirate → des pirates

Je m'entraîne

1 ★ **Coche la bonne réponse.**

un danseur → ☐ personne ☐ animal ☐ chose

la rivière → ☐ personne ☐ animal ☐ chose

une poule → ☐ personne ☐ animal ☐ chose

2 ★ **Écris ces noms au féminin.**

un savant → une ____________________

un Français → une ____________________

le voisin → la ____________________

3 ★ **Écris à côté de chaque nom s'il est au singulier ou au pluriel.**

le vent → ____________________

des amis → ____________________

une vague → ____________________

4 ★★ **Relie comme il convient.**

le chien •	• nom commun •	• le Louvre
la Seine •		• une armoire
le coiffeur •	• nom propre •	• l'Italie

BILAN ★★★ **Fais une croix dans la bonne colonne.**

	masculin singulier	féminin singulier	masculin pluriel	féminin pluriel
une tomate				
des voitures				
le papillon				
mes voisins				

CORRIGÉS → LIVRET PARENTS p. 14

GRAMMAIRE / LEXIQUE

27 Les verbes « être » et « avoir »

LE COIN DES PARENTS
Les verbes **être** et **avoir** font partie des verbes les plus fréquemment utilisés. Leur conjugaison étant irrégulière, elle doit être apprise par cœur au présent.

DICTÉE 27 → LIVRET PARENTS p. 11

Je retiens

- Les verbes **être** et **avoir** sont très utilisés. Voici leur conjugaison au présent :

Être	Avoir
Je **suis**	J'**ai**
Tu **es**	Tu **as**
Il/elle/on **est**	Il/elle/on **a**
Nous **sommes**	Nous **avons**
Vous **êtes**	Vous **avez**
Ils/elles **sont**	Ils/elles **ont**

Je sais faire

Écrire être et avoir à la forme qui convient

- Tu dois bien repérer le petit mot devant le verbe pour savoir comment l'écrire correctement.

(Tu) es / (Il) est   (Tu) as / (Il) a

Je m'entraîne

1 ★ **Relie chaque verbe à la bonne étiquette.**

tu es •	• être •	• elles sont
j'ai •		• nous sommes
vous avez •	• avoir •	• il a

2 ★ **Souligne le verbe être et entoure le verbe avoir.**

- J'ai mal à la tête.
- Il est triste.
- Nous sommes en retard.
- Tu es l'aîné de la famille.
- Il a 7 ans.

3 ★★ **Complète avec ces verbes conjugués :** *êtes – avons – sont – ai – est – a*.

- Elles ________ fatiguées.
- J'________ beaucoup d'amis.
- Vous ________ dans le train.
- Il ________ les yeux bleus.
- Nous ________ de la chance.
- Il ________ au bord de la mer.

BILAN ★★★ **Complète avec les verbes** *être* **ou** *avoir* **conjugués au présent.**

- Tu ________ peur.
- Elle ________ en vacances.
- Vous ________ faim.
- Ils ________ les cheveux noirs.
- Je ________ en CP.
- On ________ un lapin.

CORRIGÉS → LIVRET PARENTS p. 14

GRAMMAIRE / LEXIQUE

28 Les familles de mots

LE COIN DES PARENTS
Il s'agit ici d'initier votre enfant à repérer que des mots peuvent se classer ensemble quand ils ont un groupe de lettres communes et un sens proche.

DICTÉE 28 → LIVRET PARENTS p. 11

Je retiens

- Tous les mots d'une même famille ont une **partie commune**.

  Dent : dentiste – dentifrice – dentition

- On peut ajouter des groupes de lettres derrière la partie commune pour créer des mots de la **même famille**.

  Lait : laitage – laiterie – laitier

Je sais faire

Former des noms d'habitants à partir du nom de la ville ou du pays

- Tu ajoutes les groupes de lettres -ien, -ain, -ais, -ard à la fin des noms.

  Paris → Parisien Rome → Romain
  France → Français Rennes → Rennais

Former des noms de quantités à partir d'un nombre

- Tu ajoutes le groupe de lettres -aine.

  cent → centaine vingt → vingtaine

Former des noms de petits d'animaux

- Tu ajoutes le groupe de lettres -on ou -eau.

  ours → ourson chat → chaton renard → renardeau

Je m'entraîne

1 ★ **Relie les mots de la même famille.**

épice •	• écolier
école •	• pianiste
piano •	• fleuriste
fleur •	• épicier

2 ★★ **Barre l'intrus dans chaque liste.**

- coiffer – coiffure – coiffeur – coffre
- chapeau – chant – chanter – chanteur
- jardin – jardinier – jardiner – jour
- grand – gant – grandir – grandeur
- savon – savoir – savonner – savonnage

3 ★★ **Écris un mot de la même famille en utilisant : *iste* – *euse* – *ier*.**

- le piano : un ______________
- danser : une ______________
- le jardin : un ______________
- un garage : le ______________
- le ski : une ______________
- une banque : le ______________
- un parachute : le ______________
- chanter : la ______________

BILAN ★★ **Qui habite...**

- en Italie ? un ______________
- au Portugal ? un ______________
- à Paris ? un ______________
- à Marseille ? un ______________
- au Maroc ? un ______________
- en France ? un ______________

CORRIGÉS → LIVRET PARENTS p. 14

GRAMMAIRE / LEXIQUE

29 Les mots outils

LE COIN DES PARENTS

Les mots outils représentent environ 50 % des mots d'un texte. La reconnaissance de leur forme visuelle et de leur orthographe facilite la lecture.

DICTÉE 29 → LIVRET PARENTS p. 11

Je retiens

Certains mots s'écrivent toujours de la même façon.

- Les petits mots **devant les noms**
  - **un** garçon
  - **la** fille
  - **des** tomates
- Des petits mots **pour relier**
  - Tom **et** Julie
  - La crêpe **avec** du sucre
  - Du thé **ou** du café ?
- Des mots **pour parler du temps**
  - **aujourd'hui**
  - **demain**
  - **hier**
- Des mots **pour parler de l'espace**
  - **sous** la table
  - **dans** le cartable
  - **autour** de l'école

Je sais faire

Écrire les mots outils

- Copie les mots.

aussi
beaucoup
parce que
quand
trop
rien

Je m'entraîne

1 ★ Barre le mot outil qui ne convient pas.

un	une	stylo	un	des	éclairs
un	une	bouteille	les	la	punaises
le	les	cochon	la	le	guitare

2 ★★ Souligne les deux mots outils dans chaque phrase.

- Je mange du pain.
- Demain, nous serons mardi.
- Les élèves entrent en classe.
- Aujourd'hui, la météo est incertaine.
- Il faut dire « merci » !
- Lucas passe devant la boulangerie.

3 ★★ Complète chaque phrase avec ces mots outils : *très* – *plus* – *chez* – *encore*.

- Je suis ______________ Marie.
- Il a ______________ faim.
- Deux ______________ deux font quatre.
- Camille est ______________ en colère.

BILAN ★★★ Réponds par vrai ou faux.

Pourquoi s'écrit toujours de la même façon.	☐ Vrai	☐ Faux
On peut écrire fille ou filles.	☐ Vrai	☐ Faux
Le mot sans peut s'écrire avec un s ou sans s.	☐ Vrai	☐ Faux
Enfin s'écrit toujours de la même façon.	☐ Vrai	☐ Faux
Le mot table peut s'écrire avec un s ou sans s.	☐ Vrai	☐ Faux

CORRIGÉS → LIVRET PARENTS p. 14

GRAMMAIRE / LEXIQUE

30 Le vocabulaire scolaire

LE COIN DES PARENTS

Il s'agit d'initier votre enfant à la notion de **champ lexical** à partir d'une thématique connue : l'école.

DICTÉE 30 → LIVRET PARENTS p. 11

Je retiens

Pour décrire l'école, on peut utiliser :

- des noms pour le **matériel scolaire** et les **personnes** ;

les livres

la gomme

le maître, la maîtresse

- des noms pour les **lieux** ;

la cour

la classe

la cantine

- des verbes pour les **actions** ;

écrire

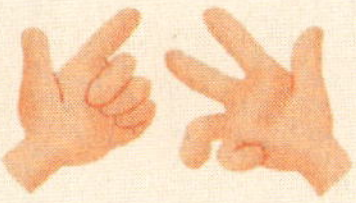
compter

copier

lire

travailler

réfléchir

Je sais faire

Connaître les consignes scolaires

colorier

cocher

coller

souligner

barrer

relier

Je m'entraîne

1 ★ **Écris le nom de l'objet.**

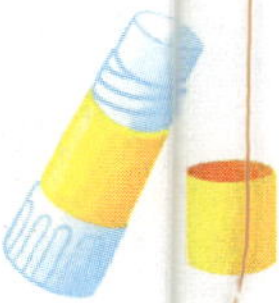

une ____________ la ____________ une ____________

2 ★★ **Écris sous chaque dessin la consigne qu'il représente.**

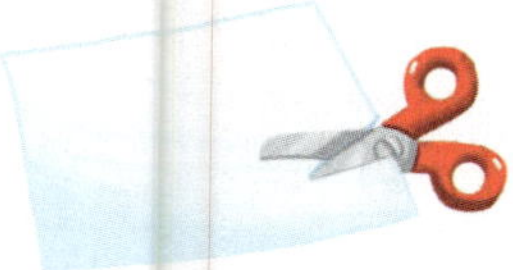

____________ ____________ ____________

3 ★★ **Recopie les mots dans la colonne qui convient :** *copier – la classe – le maître – la directrice – le préau – calculer.*

Les lieux	Les personnes	Les actions

BILAN ★★ **Relie chaque devinette à sa solution.**

Je suis à bille, à plume ou à encre. • • 

Je suis noir ou blanc et on me lave tous les jours. • • 

Je sers à transporter toutes tes affaires. • • 

CORRIGÉS → LIVRET PARENTS p. 14

Je m'évalue ★

1. Combien y a-t-il de lettres dans ces mots ? Cite-les.

- enfants : ....
- cheval : ....

2. Écris les lettres en attaché.

- a :
- d :
- q :
- l :
- h :
- b :

3. Combien y a-t-il de voyelles ?

- fusée : ....
- ravioli : ....

4. Complète avec une voyelle.

du r z *un p t*

un b s *le ch t*

5. Entoure la lettre b en rouge et la lettre d en bleu.

- un radis
- un bébé
- la dinde
- une bédé

6. Complète avec :

- p ou b : une ......ile un ......us
- t ou d : une ......ame un ......apis

7. Entoure les lettres qui font le son o.

- une moto
- le bateau
- jaune
- de l'eau

8. Complète avec o, au ou eau.

- des b......ttes
- le rid............
- une p......mme
- l'ép............le

9. Entoure la lettre m en bleu et la lettre n en rouge.

- la tomate
- un piano
- les dominos
- un matelas

10. Complète avec :

- l ou r : une ......obe un ......ion
- n ou m : un ......onstre la ......atte

11. Entoure en bleu les lettres qui font le son é, en rouge celles qui font le son è.

le maître • l'été • la fête • la mère

12. Complète avec é ou è.

- le b......b......
- une r......gle
- le p......re
- l'......cole

13. Entoure les lettres qui font le son s.

- la salade
- la police
- un tissu
- déçu

14. **Complète avec s ou ss.**

- une ceri……e
- la ta……e
- une ro……e
- un de……in

15. **Entoure en rouge les lettres qui font le son ou et en bleu les lettres qui font le son on.**

- jouer
- montrer
- répondre
- pousser

16. **Complète avec ou ou on.**

- r…………ler
- gr…………der
- c…………tent
- d…………ce

17. **Entoure en bleu les lettres qui font le son in, en rouge celles qui font le son an.**

la chanson • le raisin • du pain • mécontent • maintenant

18. **Complète avec in ou an.**

- la mam…………
- un lap…………
- le chem…………
- bl…………c

19. **Entoure en bleu la lettre f et en rouge la lettre v.**

- Farid va à la fête.
- Vous buvez un café.

20. **Complète avec f ou v.**

- le ……ent
- la ……oule
- une ra……ale
- mau……aise

CORRIGÉS → LIVRET PARENTS p. 15

21. **Entoure en bleu la lettre g et en rouge la lettre j.**

- Je suis allongé sur la plage.
- Les jumeaux rangent leurs jouets.

22. **Complète avec j ou g.**

- la ……irafe
- la ……ournée
- un sin……e
- un py……ama

23. **Entoure en bleu les lettres qui font le son g, en rouge celles qui font le son k.**

un gamin • le garage • quatre • le koala • un cactus

24. **Complète avec k ou q.**

- Elle s……ie avec un cas……ue et un anora…….
- ……uentin cro……ue des ……iwis.

25. **Entoure les lettres qui font le son eu.**

- Ma sœur a les yeux bleus.
- J'ai des nœuds dans les cheveux.

26. **Complète avec eu ou œu.**

- n…………f
- des n…………ds
- j…………ne
- vi…………x

Je m'évalue

1. Complète avec oi, ion ou oin.

- un champ.........
- le p.........sson
- un p.........t
- une ét.........le

☐ ☐ ☐

2. Complète avec ien, ieu ou ier.

- le ch...........
- du pap...........
- le mil...........
- l'escal...........

☐ ☐ ☐

3. Barre les mots qui ne contiennent pas le son gn.

un ange • la campagne • ranger • mignon • saigner

☐ ☐ ☐

4. Complète avec gn ou g.

- Les ....âteaux sont ma.........ifiques.
- Le cy.........e est ....ourmand.

☐ ☐ ☐

5. Complète avec ail, eil ou euil.

- un ort...........
- un écur...........
- un évent...........
- le faut...........

☐ ☐ ☐

6. Complète avec ail ou aille.

- L'épouvant........ est en p........
- Son trav........ mérite une méd........ !

☐ ☐ ☐

7. Complète avec elle ou ette.

- la casqu..............
- une poub..............
- une bret..............
- la tartel..............

☐ ☐ ☐

8. Complète avec erre ou esse.

- la duch............
- le ton............
- la t............
- une princ............

☐ ☐ ☐

9. Combien y a-t-il de mots dans chaque phrase ?

- Les élèves mangent à la cantine.
  .... mots
- Léo est dans la classe. .... mots

☐ ☐ ☐

10. Sépare les mots de la phrase par un trait.

Lelionestunanimalsauvage.

☐ ☐ ☐

11. Remets les mots dans l'ordre.

mange – des – Lola – au – dessert – fraises

....

....

....

☐ ☐ ☐

12. Recopie avec la ponctuation.

vendredi ma sœur va au judo

☐ ☐ ☐

13. **Entoure le verbe dans chaque phrase.**

- Elles visitent un château.
- Nous recopions un exercice.

14. **Complète les phrases avec le verbe qui convient : mangent ou mange.**

- Fatima .... une pomme.
- Ils .... au restaurant.
- Chez Noa, on .... bien.

15. **Écris au féminin.**

- le président : ....
- un gamin : ....
- un ami : ....
- le client : ....

16. **Écris au singulier ou au pluriel.**

- la tulipe : ....
- un chien : ....
- les voitures : ....
- des chaussettes : ....

17. **Souligne en bleu le verbe être et en rouge le verbe avoir.**

- Elle a 7 ans.
- Ils sont vieux.
- Tu es grand.
- Nous avons faim.

18. **Complète avec est ou a.**

- Ma cousine .... un vélo.
- Il .... malade.
- Le chat .... dans le jardin.
- Elle .... froid.

CORRIGÉS → LIVRET PARENTS p. 15

19. **Entoure la partie commune des mots de la même famille.**

- longueur – allonger – rallonge
- ralentir – lenteur – lentement

20. **Barre le mot qui ne fait pas partie de la même famille.**

- colle – collage – école – coller
- chat – chaton – chatière – château

21. **Complète avec le mot outil qui convient : pour ou chez.**

- J'ai des devoirs .... lundi.
- Noé est invité .... Julie.

22. **Complète avec la, le ou les.**

- .... cartable est posé sur .... table.
- .... enfants mangent à .... maison

23. **Barre le mot qui n'appartient pas au vocabulaire scolaire.**

le cahier • la règle • le rat • un stylo

24. **Complète avec une action.**

- Je .... l'exercice sur mon cahier.
- Je .... la feuille dans mon cahier.

NOMBRES ET CALCULS

1 Les nombres de 0 à 9

LE COIN DES PARENTS

Les chiffres de **0** à **9** permettent d'écrire n'importe quel nombre. Il est donc indispensable que votre enfant sache les nommer sans hésiter et qu'il soit capable de les associer à une quantité.

Je retiens

Représentation et écriture

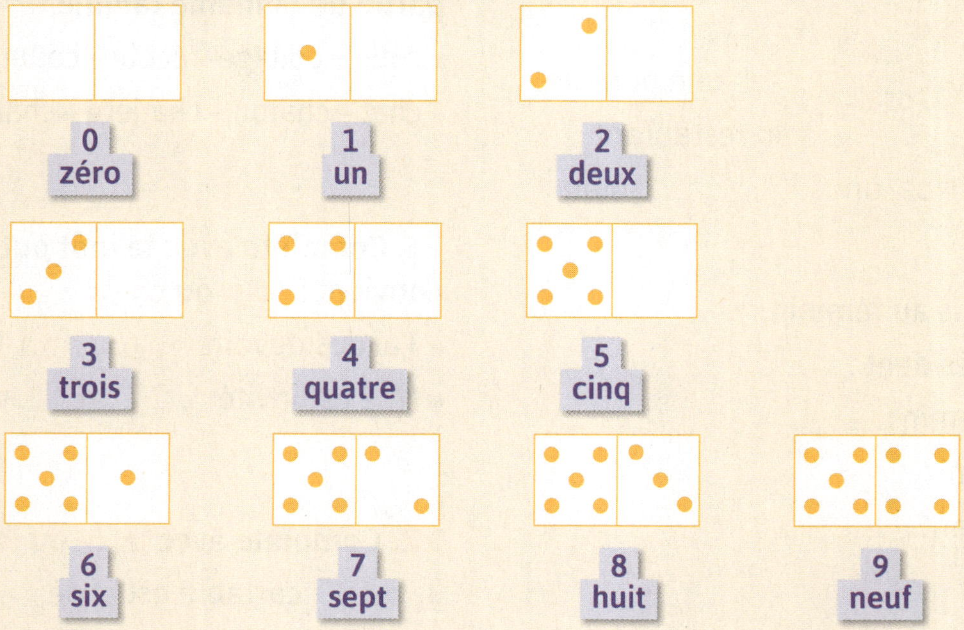

Ordre

La bande numérique indique l'ordre des nombres de **0** à **9**.

0	1	2	3	4	5	6	7	8	9

Je sais faire

Écrire les chiffres de 0 à 9

Copie les chiffres.

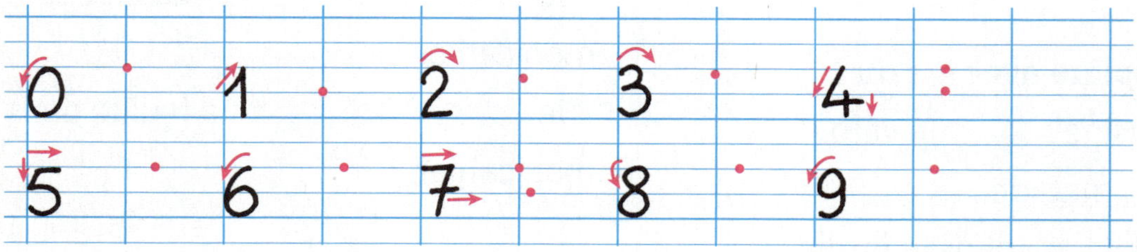

Je m'entraîne

1 ★ **Colorie le nombre qui correspond à chaque collection.**

3 4 5 6

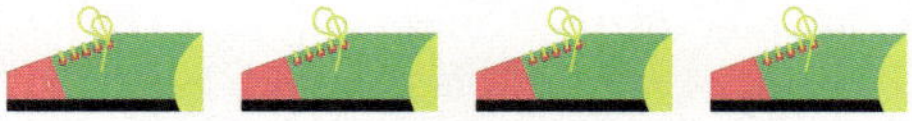

3 4 5 6

2 ★★ **Observe puis complète le tableau.**

	quatre	....	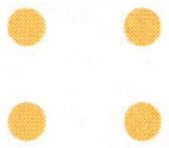
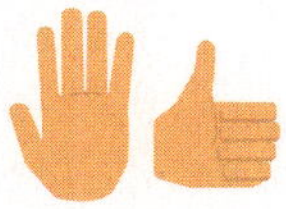	....	6	
	....	....	

3 ★★★ **Relie les nombres du plus petit au plus grand.**

8 9 6 7 3 5 2 4 1

BILAN ★★★ **Colorie selon la légende.**

1	2	3	4	5	6	7	8	9

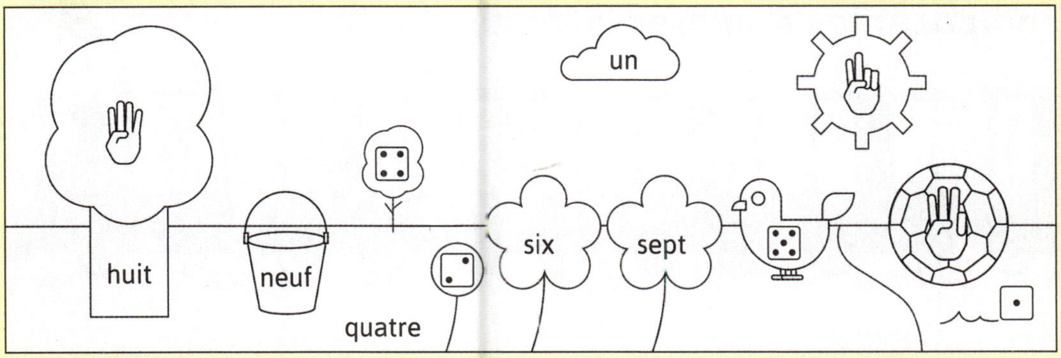

CORRIGÉS → LIVRET PARENTS p. 16

Bien dans ma vie d'écolier !
Français
Maths
Espace - Temps EMC
Sciences
Anglais

NOMBRES ET CALCULS

2 La somme de deux nombres

LE COIN DES PARENTS
Votre enfant doit comprendre que tout ce qui se dit à l'oral pour décrire une situation mathématique peut aussi s'écrire en utilisant des signes précis : **+**, **=**, etc.

Je retiens

Définition

- Une somme est la réunion de deux collections.

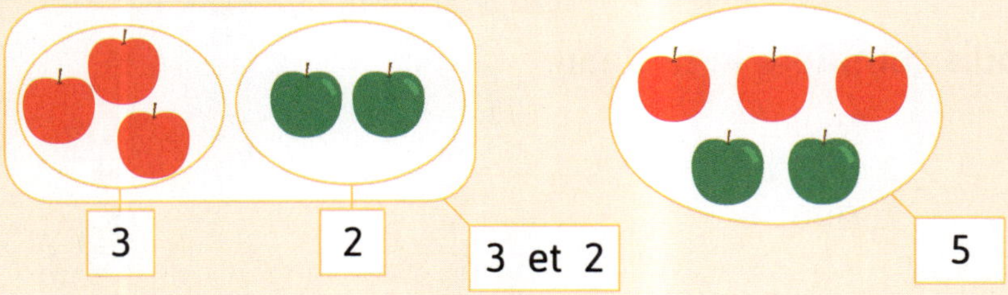

Écriture d'une somme

- Pour écrire une somme, on utilise le signe + (**plus**) et le signe = (**égal**).

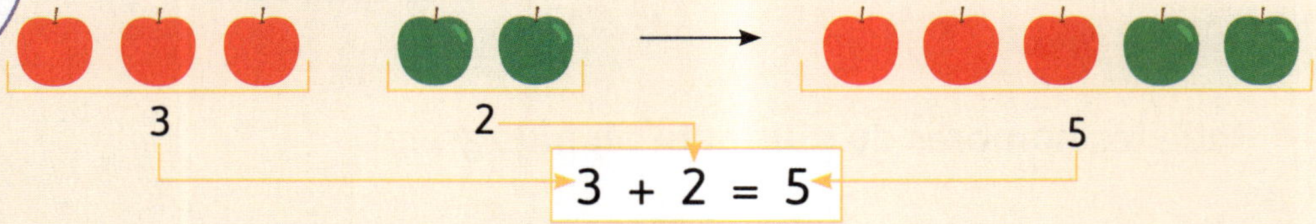

- La somme **3 + 2** peut s'écrire aussi **2 + 3**.

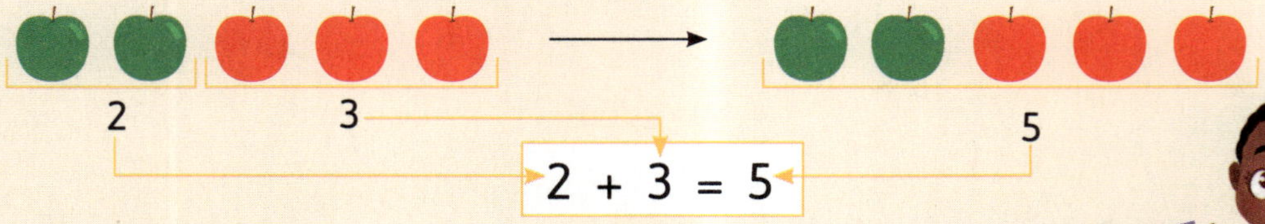

Je sais faire

Décomposer les nombres inférieurs à 10

0 + 4	1 + 3	2 + 2	3 + 1	4 + 0	4

Je m'entraîne

1 ★ **Complète les étiquettes ou les collections, puis écris la somme d'une autre manière.**

....	+	....	=	....
....	+	....	=	....

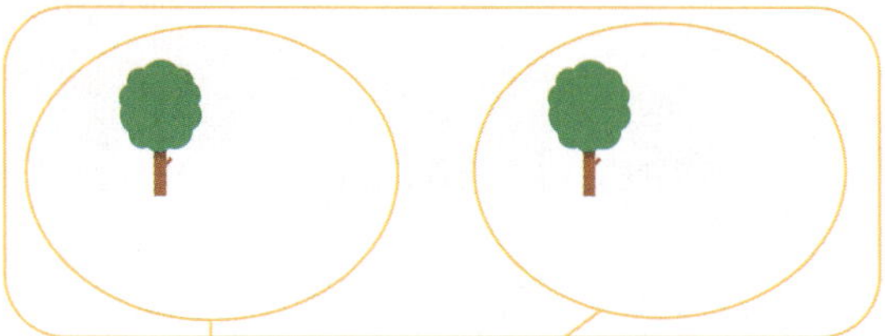

4	+	5	=	9
....	+	....	=	....

2 ★★ **Colorie les pastilles et complète les sommes pour écrire le nombre 6 de trois autres façons.**

6 = 3 + 3 ●●●●●●

6 = ... + ... ○○○○○○

6 = ... + ... ○○○○○○

6 = ... + ... ○○○○○○

3 ★★ **Complète les étiquettes de façon à décomposer le nombre 5.**

5 :

- 0 + ...
- 2 + ...
- .... + 2
- 4 + ...
- 1 + ...
- .... + 0

BILAN ★★★ **Décompose le nombre 7.**

7 :

- .... + ...
- .... + ...
- .... + ...
- .... + ...
- .... + ...
- .... + ...
- .... + ...
- .... + ...

CORRIGÉS → LIVRET PARENTS p. 16

NOMBRES ET CALCULS

3 Les nombres de 10 à 19

LE COIN DES PARENTS
La connaissance des nombres **11, 12, 13, 14, 15** et **16** peut poser problème à votre enfant.
Il faut l'aider à les mémoriser en lui demandant de les lire régulièrement et en faisant des dictées de nombres.

Je retiens

Représentation et écriture

10	dix		10 + 0	1 d + 0 u
11	onze		10 + 1	1 d + 1 u
12	douze		10 + 2	1 d + 2 u
13	treize		10 + 3	1 d + 3 u
14	quatorze		10 + 4	1 d + 4 u
15	quinze		10 + 5	1 d + 5 u
16	seize		10 + 6	1 d + 6 u
17	dix-sept		10 + 7	1 d + 7 u
18	dix-huit		10 + 8	1 d + 8 u
19	dix-neuf		10 + 9	1 d + 9 u

Je sais faire

Décomposer un nombre en dizaines et en unités

dizaines → unités

d	u
1	3

13 (treize)

Utiliser les signes < et >

- 10 < 11 se lit : dix est **plus petit que** onze.
- 11 > 10 se lit : onze est **plus grand que** dix.
  Le nombre le plus petit s'écrit du côté de la pointe.

Je m'entraîne

1 ★ **Complète les étiquettes.**

Toutes les étiquettes sont reliées au nombre central **10**.

0 + ...	8 + ...	9 + ...	1 + ...
2 + ...			3 + ...
4 + ...			5 + ...
6 + ...	7 + ...		10 + ...

2 ★★ **Regroupe par 10 puis compte les unités et complète les tableaux.**

d	u
....	....

d	u
....	....

3 ★★ **Écris les nombres dans chaque case puis complète par > ou <.**

[.........] .... [.........]

[.........] .... [.........]

BILAN ★★★ **Colorie d'une même couleur les écritures d'un même nombre.**

15	12	1 d + 2 u	10 + 5	17
douze	7 + 10	1 d + 1 u	10 + 1	1 + 10
12 + 5	11	quinze	1 d et 5 u	10 + 2
11 + 1	3 + 12	1 d + 7 u	dix-sept	onze

CORRIGÉS → LIVRET PARENTS p. 16

4 Les nombres de 20 à 69

LE COIN DES PARENTS

Les situations de la vie courante sont autant d'occasions de faire lire les nombres à votre enfant (plaques de voitures, numéros des maisons…) afin que leur reconnaissance devienne instantanée.

Je retiens

Famille de nombres

20	21	22	23	24	25	26	27	28	29
30	31	32	33	34	35	36	37	38	39
40	41	42	43	44	45	46	47	48	49
50	51	52	53	54	55	56	57	58	59
60	61	62	63	64	65	66	67	68	69

Écriture des nombres

- On utilise le mot **et**, et un **tiret** pour écrire en toutes lettres les nombres 21, 31, 41, 51 et 61 : **vingt-et-un, trente-et-un…**
- On place un **tiret** pour l'écriture des nombres composés : **trente-sept, quarante-deux…**

Je sais faire

Écrire un nombre sous ses différentes formes

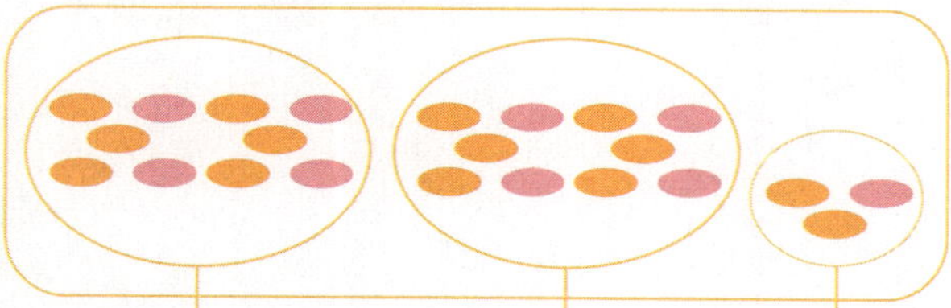

10 + 10 + 3

2 dizaines (20) et **3 unités** (3)

d	u
2	3

23 (vingt-trois)

23 peut s'écrire :
vingt-trois
ou
2 d et **3 u**
ou
20 + **3**
ou
10 + **10** + **3**

Je m'entraîne

1 ★ **Colorie de la même couleur les deux écritures du même nombre.**

quarante-six · 46 · trente-cinq · 66 · neuf

seize · 35 · dix-neuf · 9 · 16 · cinquante

19 · 60 · 50 · soixante-six · soixante

2 ★★ **Observe, puis complète ces séries.**

27, 28, 29, ……………, ……………, ……………, ……………, ……………

34, 36, 38, ……………, ……………, ……………, ……………, ……………

3, 13, 23, ……………, ……………, ……………, ……………

3 ★★ **Fais des paquets de 10 (dizaines), puis écris ces collections sous la forme demandée.**

………… dizaines et ………… unités

………… dizaines et ………… unités

BILAN ★★★ **Complète le tableau.**

29	vingt-neuf	2 d et 9 u	10 + 10 + 9
…………	trente-quatre	………………	………………
…………	………………	………………	10 + 10 + 10 + 10 + 8
57	………………	………………	………………
…………	………………	6 d et 1 u	………………

CORRIGÉS → LIVRET PARENTS p. 16

NOMBRES ET CALCULS

5 Les nombres de 70 à 99

LE COIN DES PARENTS

Nommer les nombres de **70** à **99** peut poser problème à votre enfant, car la règle de lecture de ces nombres est différente. C'est en les manipulant régulièrement qu'il pourra les mémoriser et les nommer sans hésiter.

Je retiens

Formation et écriture des nombres 70, 80 et 90

10 10 10 10 10 10 + 10

60 (soixante) + 10 (dix) = 70 (soixante-dix)

d	u
7	0

10 10 + 10 10 + 10 10 + 10 10

20 (vingt) 20 (vingt) 20 (vingt) 20 (vingt) = 80 (quatre-vingts)

d	u
8	0

10 10 10 10 10 10 10 10 + 10

80 (quatre-vingts) + 10 (dix) = 90 (quatre-vingt-dix)

d	u
9	0

Je sais faire

Encadrer un nombre à 2 chiffres

- On écrit le **nombre** situé juste avant et le nombre situé juste après.
  46 < 47 < 48
- On écrit la **dizaine pleine** située juste avant et la dizaine pleine située juste après.
  40 < 47 < 50

Comparer un nombre à 2 chiffres

- **Premier cas :** les chiffres des dizaines sont différents.
  On compare 75 et 58.
  On compare les chiffres des **dizaines** : 7 > 5.
  Donc 75 > 58.
- **Second cas :** les chiffres des dizaines sont identiques.
  On compare 87 et 89.
  On compare les chiffres des **unités** : 7 < 9.
  Donc 87 < 89.

Je m'entraîne

1 ★ **Observe et complète le chemin des nombres.**

70	....	....	73	74	....	....	....	....	79
....	....	....	83	....	....	....	....	....	....
....	91	....	....	94	....	....	97	....	....

2 ★ **Écris en chiffres ou en lettres.**

soixante-douze : ....

75 : ....

quatre-vingt-cinq : ....

89 : ....

quatre-vingt-dix-neuf : ....

91 : ....

3 ★★ **Complète avec > ou <.**

73 85

89 91

71 72

88 85

96 74

99 98

4 ★★★ **Encadre par des dizaines pleines.**

60 < 64 < 70.

.... < 41 < ....

.... < 79 < ....

.... < 69 < ....

.... < 55 < ....

.... < 88 < ....

.... < 37 < ....

BILAN ★★★ **Trouve les nombres-mystères.**

a. Le nombre est égal à 90 + 5, c'est ....

b. Le nombre comporte 6 d et 4 u, c'est ....

c. J'ajoute 5 unités à 66, j'obtiens ....

d. J'ajoute une dizaine à soixante-quinze, j'obtiens ....

CORRIGÉS → LIVRET PARENTS p. 16

NOMBRES ET CALCULS

6 Les tables d'addition

LE COIN DES PARENTS
Votre enfant doit connaître par cœur les tables d'addition de **0** à **9**. Il faut travailler la mémorisation de ces résultats régulièrement pour qu'elle soit acquise (en voiture, en jouant aux dés…).

Je retiens

Présentation

- Avant d'apprendre à faire des opérations (addition, soustraction, multiplication), tu dois connaître par cœur les **tables d'addition de 0 à 9**.

+	0	1	2	3	4	5	6	7	8	9
0	0	1	2	3	4	5	6	7	8	9
1	1	2	3	4	5	6	7	8	9	10
2	2	3	4	5	6	7	8	9	10	11
3	3	4	5	6	7	8	9	10	11	12
4	4	5	6	7	8	9	10	11	12	13
5	5	6	7	8	9	10	11	12	13	14
6	6	7	8	9	10	11	12	13	14	15
7	7	8	9	10	11	12	13	14	15	16
8	8	9	10	11	12	13	14	15	16	17
9	9	10	11	12	13	14	15	16	17	18

- Pour ajouter 10, il suffit d'ajouter 1 dizaine, le chiffre des unités ne change pas.

10 + 05 = 15

10 + 13 = 23

Je sais faire

Utiliser une table d'addition

- Tu veux trouver le résultat de l'addition **9 + 8**.
  Tu suis la ligne du nombre **9** (en jaune) et celle du nombre **8** (en bleu).
  Au croisement de ces deux lignes, tu lis le résultat : **17** (en rouge)

Effectuer une addition mentalement

- Pour **ajouter** un nombre à **1 chiffre à un nombre à 2 chiffres**, on additionne d'abord les unités, puis on replace la dizaine.

10 + 7 = 17, car 0 + 7 = 7.

15 + 3 = 18, car 5 + 3 = 8.

Je m'entraîne

1 ★ Complète la table d'addition de 6.

6 + 0 = ……… 6 + 1 = ……… 6 + 2 = ……… 6 + 3 = ………
6 + 4 = ……… 6 + 5 = ……… 6 + 6 = ……… 6 + 7 = ………
6 + 8 = ……… 6 + 9 = ……… 6 + 10 = ………

2 ★★ Complète comme dans l'exemple : 2 + 3 = 3 + 2 = 5.

1 + 2 = ……… + ……… = ………
9 + 5 = ……… + ……… = ………
6 + 7 = ……… + ……… = ………
3 + 8 = ……… + ……… = ………

3 ★★ Complète ces additions à trous en te servant de la table.

2 + ……… = 5 4 + ……… = 5 ……… + 8 = 11
3 + ……… = 7 ……… + 6 = 9 ……… + 9 = 16
……… + 7 = 9 8 + ……… = 9 ……… + 10 = 20

4 ★★★ Compte comme indiqué.

Ajoute 2 à chaque fois.
2 – ……… – ……… – ……… – ……… – ……… – 14
Ajoute 5 à chaque fois.
3 – ……… – ……… – ……… – ……… – ……… – 33
Ajoute 10 à chaque fois.
5 – ……… – ……… – ……… – ……… – ……… – 65

BILAN ★★★ Trouve le résultat de ces additions en cachant la table.

Tu peux entourer les résultats que tu connais déjà par cœur.

7 + 8 = ……… 4 + 5 = ……… 3 + 8 = ………
5 + 7 = ……… 10 + 6 = ……… 8 + 6 = ………
5 + 3 = ……… 7 + 7 = ……… 8 + 10 = ………
4 + 10 = ……… 1 + 8 = ……… 7 + 4 = ………

CORRIGÉS → LIVRET PARENTS p. 16

7 Doubles et moitiés

LE COIN DES PARENTS
Tous les doubles jusqu'à **10 + 10** et les moitiés jusqu'à **20** sont à connaître par cœur afin que votre enfant soit à l'aise en calcul mental.

Je retiens

Doubles

Il y a 6 ballons.

- **6 est le double de 3,** car : 3 + 3 = 6.
- Le nombre de ballons est **le double** de celui des casquettes.

Moitiés

Il y a 3 casquettes.

- **3 est la moitié de 6.**
- Le nombre de casquettes est **la moitié** de celui des ballons.

Je sais faire

Calculer le double d'un nombre

- Pour trouver le double d'un nombre, on additionne deux fois ce nombre.
  4 + 4 = 8 ⟶ 8 est le double de 4.
- Pour trouver les doubles des nombres jusqu'à 9, tu peux utiliser la table d'addition de la leçon 6.

Calculer la moitié d'un nombre

- Pour trouver la moitié d'un nombre, il faut partager la quantité correspondant à ce nombre en **2 parties égales**.
  Pour chercher la moitié de 6, tu cherches le nombre qui, ajouté deux fois, donne 6 : 3 + 3 = 6. ⟶ Donc 3 est la moitié de 6.

Je m'entraîne

1 ★ **Voici 4 carrés jaunes. Dessine le double de carrés en vert.**

2 ★ **Utilise les résultats de la table d'addition de la leçon 6 pour calculer les doubles de ces nombres.**

Le double de 5 est .... car 5 + 5 = ...

Le double de 8 est .... car 8 + 8 = ...

Le double de 10 est .... car 10 + 10 = ...

Le double de 7 est .... car 7 + 7 = ...

3 ★★ **En t'aidant de la table d'addition de la leçon 6, retrouve la moitié de ces nombres.**

La moitié de 8 est .... La moitié de 10 est ....

La moitié de 16 est .... La moitié de 20 est ....

BILAN ★★★ **On a dessiné 24 étoiles.**

a. Entoure la moitié des étoiles.

b. Écris le nombre d'étoiles de chaque moitié.

Il y a .... étoiles dans chaque moitié.

c. Complète comme il convient.

La moitié de 24 est ....

Le double de .... est 24.

CORRIGÉS → LIVRET PARENTS p. 16

8

NOMBRES ET CALCULS

L'addition posée

LE COIN DES PARENTS

Soyez exigeant pour que votre enfant pose les additions en colonnes : unités sous unités et dizaines sous dizaines, qu'il écrive le signe **+** à l'endroit correct et qu'il trace le trait horizontal.

Je retiens

- L'**addition** est une opération qui permet de calculer la valeur totale d'une **somme**.

Lucie a acheté un ballon à 12 € et un livre à 7 €.

$$12 + 7 = 19$$

- premier nombre → 12
- deuxième nombre → 7
- signe « plus » (on ajoute) → +
- signe « égal » → =
- total → 19

Lucie a payé 19 €.

Je sais faire

Effectuer une addition sans retenue

❶ Pose l'addition en plaçant :
– les unités **sous** les unités ;
– les dizaines **sous** les dizaines.

❷ Additionne d'abord les unités (5 + 4 = 9) puis les dizaines (3 + 2 = 5).
Résultat : 35 + 24 = 59.

	d	u
	3	5
+	2	4

	d	u
	3	5
+	2	4
	5	9

Effectuer une addition avec retenue

❶ Pose l'addition.

❷ Additionne les unités.

6 + 9 = 15 → 1 dizaine ; 5 unités

Pose le chiffre des unités (5).
Reporte le chiffre des dizaines ① au-dessus du 2 : c'est la retenue.

❸ Additionne les dizaines : ① + 2 + 1 = 4.
Résultat : 26 + 19 = 45.

	d	u
	2	6
+	1	9

	d	u
	①	
	2	6
+	1	9
	4	① 5

Je m'entraîne

1 ★ **Effectue ces additions.**

	d	u
	1	2
+	2	6
	....	....

	d	u
	2	5
+	4	4
	....	....

	d	u
	2	7
+	4	2
	....	....

	d	u
	2	1
+	1	5
+	2	2
	....	....

2 ★★ **Effectue ces additions.**

	d	u
	◯	
	2	7
+	1	4
	....	....

	d	u
	◯	
	3	6
+		8
	....	....

	d	u
	◯	
	4	8
+	4	8
	....	....

	d	u
	◯	
	1	9
+	2	4
	....	....

3 ★★ **Trouve le nombre qui manque dans ces additions.**

	1	2
+	....	....
	2	4

	3	1
+	....	....
	4	5

BILAN ★★★ **Résous le problème suivant.**

Pour acheter un cadeau à Maman, Luc a donné 15 € et Lucie 10 €. Combien coûte le cadeau ?

Écris l'opération : ....

Pose l'addition :

	....	....
+	....	....
	....	....

CORRIGÉS → LIVRET PARENTS p. 16

NOMBRES ET CALCULS

9 La soustraction : différentes techniques

LE COIN DES PARENTS
Utilisez du matériel de manipulation pour aider votre enfant à comprendre le sens de la soustraction et à trouver le résultat. Par exemple, servez-vous de ses crayons de couleur, d'allumettes ou de cubes.

Je retiens

- La soustraction est une opération qui permet de calculer une **différence**, un **reste** ou ce qui **manque**.

Nina a 8 ans et Tom 5 ans.

nombre le plus petit ↓

nombre le plus grand → 8 – 5 = 3 ← différence

↑ signe « moins » (on retire) — signe « égal »

La différence d'âge entre Nina et Tom est de 3 ans.

Je sais faire

Effectuer une soustraction mentalement

- Pour calculer 5 – 2, tu peux utiliser tes doigts en enlevant 1, puis encore 1.

Utiliser une bande numérique

23 – 4 = 19 — 4 → On recule de 4 cases.

...	17	18	19	20	21	22	23	24	25	26	27	28	29	30	31	32	33	34	35	36	...

Poser et effectuer une addition à trous

12 + ? = 26

	1	2
+	....	4
	2	6

On compte d'abord les unités.
Combien faut-il ajouter à 2 pour obtenir 6 ?
Réponse : 4

On compte ensuite les dizaines.
Combien faut-il ajouter à 1 pour obtenir 2 ?
Réponse : 1

	1	2
+	1	4
	2	6

12 + 14 = 26   26 – 12 = 14

Je m'entraîne

1 ★ **Calcule mentalement ces différences.**

26 – 2 = ... 37 – 1 = ... 48 – 4 = ...

65 – 3 = ... 56 – 6 = ... 16 – 5 = ...

2 ★ **Utilise la bande numérique du Je sais faire pour effectuer ces calculs.**

21 – 3 = ... 22 – 5 = ... 31 – 6 = ...

33 – 4 = ... 24 – 7 = ... 35 – 9 = ...

3 ★ **Calcule mentalement ces différences.**

25 – 5 = ... 46 – 6 = ... 57 – 7 = ...

33 – 3 = ... 64 – 4 = ... 19 – 9 = ...

4 ★★ **Complète ces additions à trous.**

	3	5
+	......	......
	4	8

	4	7
+	......	......
	6	7

BILAN ★★ **Résous ces problèmes en utilisant la méthode de ton choix pour calculer les différences.**

a. Arthur possède 35 billes. Alex en a 4 de moins.

Combien de billes possède Alex ?

Écris l'opération : ....

Réponse : ....

b. Inès est sur la case 36 d'une bande numérique. Elle recule de 10 cases.

Sur quelle case va-t-elle se retrouver ?

Écris l'opération : ....

Réponse : ....

CORRIGÉS → LIVRET PARENTS p. 17

PROBLÈMES

10 Comprendre un problème

LE COIN DES PARENTS
Demandez d'abord à votre enfant d'expliquer ce qu'il a compris du problème. Puis posez-lui des questions sur les informations contenues dans l'énoncé (qui ? où ? quand ? comment ? combien ?).

Je retiens

- Un problème est composé de deux parties :
  - un **énoncé** (texte, tableau, dessin...) qui contient des **données** (des **informations** qui sont le plus souvent des nombres) ;
  - une ou plusieurs **questions**.
- Voici un problème :

L'énoncé : Théo va faire des courses. Il hésite entre un stylo à 8 €, une casquette à 10 €, un livre à 5 € et un ballon à 20 €.

Les données :

8 €

10 €

5 €

20 €

Théo achète finalement le stylo et le ballon.

La question : Combien va-t-il payer ?

Je sais faire

Apprendre à réfléchir à propos d'un énoncé

- **Comprendre la situation présentée**
  Que fait Théo ? Il fait des achats.
  Qu'achète-t-il ? Un stylo et un ballon.
- **Rechercher les données** (les informations)
  Ici, ce sont les **nombres** qui représentent le prix des objets :
  8 € (le stylo) ; **10** € (la casquette) ; **5** € (le magazine) ; **20** € (le ballon).
- **Choisir les données utiles**
  Ce sont les données qui permettent de **répondre à la question**.
  Pour répondre à la question : **Combien va-t-il payer ?**
  les données utiles sont : **8** € (le stylo) ; **20** € (le ballon).

Je m'entraîne

1 ★ **Observe le dessin puis coche les bonnes réponses.**

Cette scène se passe :

☐ en hiver ☐ en été

Sous l'abri pour autobus, on voit :

☐ 2 personnes ☐ 3 personnes

Les enfants sont :

☐ sur la route ☐ sur le trottoir

Sur ce dessin, on voit :

☐ 4 personnes ☐ 5 personnes

2 ★★ **Réponds aux questions à l'aide de ces informations.**

Quel est le prix de la trousse ? ....

Quel est le prix de la règle ? ....

Quel est l'objet le plus cher ? ....

Quel est l'objet le moins cher ? ....

BILAN ★★★ **Lis l'énoncé puis réponds aux questions.**

Pour son anniversaire, Rose a reçu 10 euros de sa mamie. Ce matin, elle a acheté un chapeau de pirate à 5 euros. Combien lui reste-t-il ?

a. Souligne ce qu'il faut trouver.

– l'âge de Rose
– le prix du chapeau
– l'argent qu'il lui reste après avoir acheté le chapeau
– le moment où elle a acheté son chapeau

b. Entoure les données du problème qui vont t'aider à trouver la réponse à la question posée.

CORRIGÉS → LIVRET PARENTS p. 17

11 PROBLÈMES

Résoudre un problème

LE COIN DES PARENTS
Demandez à votre enfant de raconter le problème avec ses mots et d'expliquer pourquoi il va utiliser une addition ou une soustraction. Vous pouvez aussi l'aider en lui faisant dessiner le problème.

Je retiens

- Résoudre un problème, c'est répondre correctement aux questions posées dans l'énoncé en faisant des **calculs**. Il faut donc utiliser l'**opération** qui convient.
- Si tu rencontres dans l'énoncé les mots :
un **total** – une **somme** – une **collection** – un **tout** – on **regroupe** – on **ajoute** – **ensemble** – on **réunit**.
Tu dois faire une **addition**.
- Si tu rencontres dans l'énoncé les mots :
une **différence** – un **reste** – on **enlève** – on **soustrait** – on **retire** – il **manque**.
Tu dois faire une **soustraction**.

Je sais faire

Résoudre un problème et présenter le résultat

Pour acheter un jeu, Lou et Mia mettent en commun leurs économies. Lou dispose de 12 euros (12 €) et Mia de 15 euros (15 €). De quelle somme disposent-elles ensemble ?

Étape 1 : Lire et comprendre le problème. Si nécessaire, surligner les mots importants.

→ **Étape 2 :** Imaginer l'histoire que raconte le problème dans sa tête ou bien la dessiner.

→ **Étape 3 :** Choisir l'opération qui convient ; **somme** et **ensemble** indiquent qu'il faut choisir l'addition.

↓ **Étape 4 :** Écrire l'addition en ligne **12 + 15** et/ou en colonnes puis faire le calcul.

	1	2
+	1	5
	2	7

← **Étape 5 :** Rédiger une phrase de réponse.
Elles disposent ensemble de 27 euros (27 €).

Je m'entraîne

1 ★ **Pour chacun de ces problèmes, entoure l'opération qu'il convient de faire.**

- Mon père fait le total de ses dépenses de la journée.
  Il a dépensé 42 € d'essence, 17 € pour le repas et 7 € de journaux.
  Combien a-t-il dépensé en tout ? addition – soustraction
- Mon livre contient 47 pages. J'en ai déjà lu 35.
  Combien de pages me reste-t-il à lire ? addition – soustraction
- Mes parents ont invité 25 personnes à la maison.
  18 personnes sont déjà arrivées.
  Combien en manque-t-il encore ? addition – soustraction

2 ★★ **Résous ce problème.**

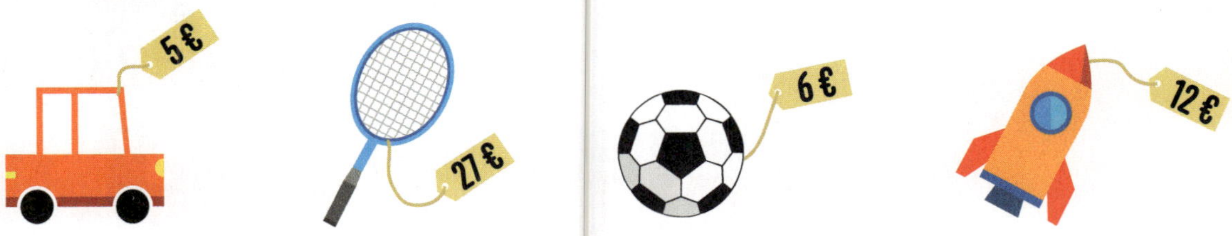

Aurélien achète la fusée et la raquette. **Combien a-t-il dépensé ?**

Opération en ligne :

12 + ... = ...

Phrase-réponse :

Aurélien ....

....

Opération en colonnes :

	1	2
+	....	....
	....	....

BILAN ★★★ **Résous ces problèmes sur ton cahier.**

a. Cette année, maman a préparé 32 pots de confiture.
Durant la même année, on en a consommé 28.
Combien reste-t-il de pots de confiture ?

b. Pour réaliser un magnifique bouquet, un fleuriste a utilisé 35 roses et 40 œillets.
Combien y a-t-il de fleurs en tout dans ce bouquet ?

CORRIGÉS → LIVRET PARENTS p. 17

12 Comparer des longueurs

LE COIN DES PARENTS
Montrez à votre enfant que, pour comparer des longueurs, il doit toutes les placer à la même origine. Vous pouvez aussi lui expliquer comment utiliser une ficelle au lieu d'une bande de papier.

Je retiens

- Comparer des longueurs, c'est les classer de **la plus courte** à **la plus longue** (ou l'inverse).
  C'est aussi dire si elles sont **égales** (même longueur).

crayon le plus long

crayon le plus court

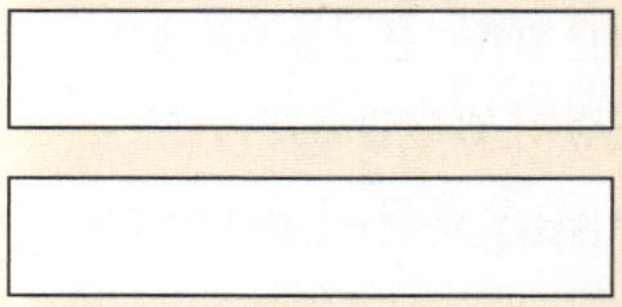

bandes de papier
de même longueur

Je sais faire

Comparer deux longueurs à l'aide d'une bande de papier

On compare les traits A et B.

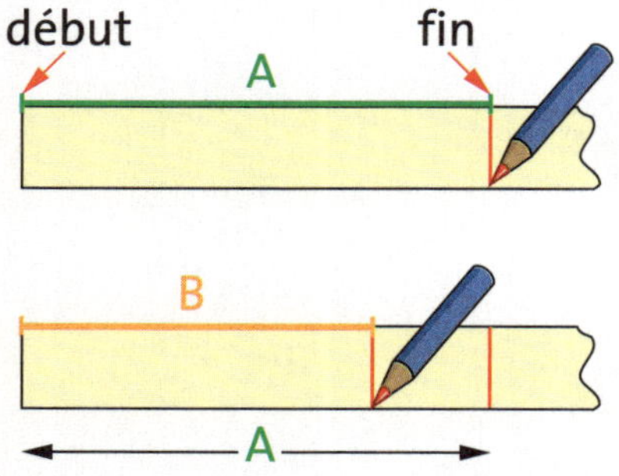

- **Découpe** une bande de papier.
- Place le **début** de la bande sur le **début** du trait A et marque la **fin** du trait sur la bande.
- Fais de même avec le trait B.
- Tu constates que A est plus long que B.

Comparer des longueurs à l'aide d'une unité étalon

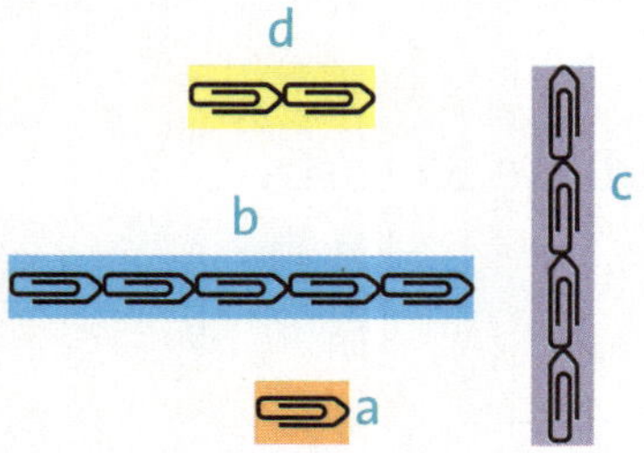

Le trombone est l'**unité** étalon.
La mesure de **a** est 1 (**a** = 1 trombone).
La mesure de **b** est 5 (**b** = 5 trombones).
La mesure de **c** est 4 (**c** = 4 trombones).
La mesure de **d** est 2 (**d** = 2 trombones).

Je m'entraîne

1 ★ **Repasse en rouge le trait le plus long et en vert le trait le plus court.**

2 ★ **Colorie en vert les bandes plus petites que l'unité étalon (u) et en rouge les bandes plus grandes que l'unité étalon.**

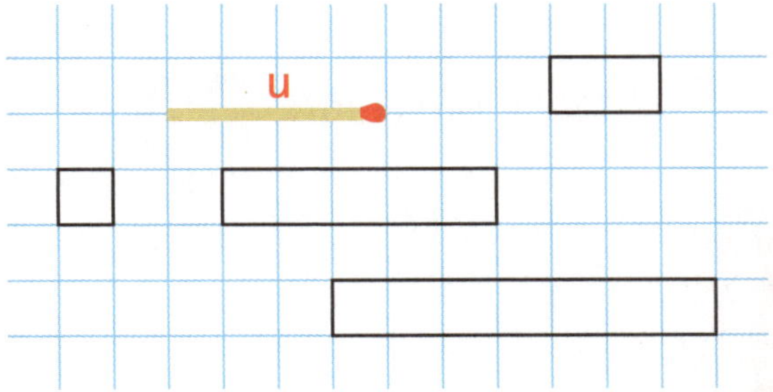

3 ★★ **Colorie de la même couleur les bandes qui ont la même longueur.**

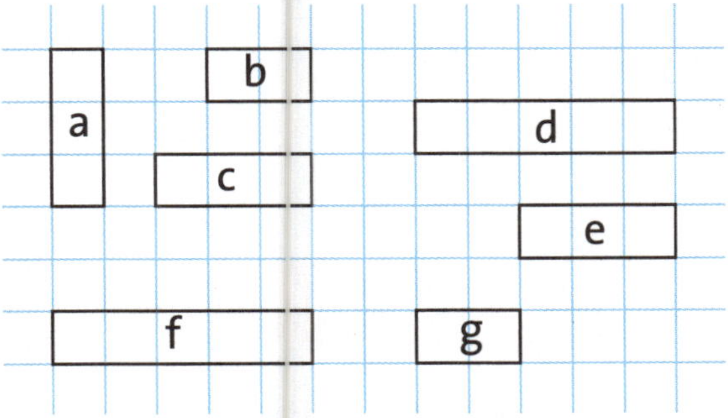

BILAN ★★★ **Compare les barres à l'aide d'une bande de papier puis complète le tableau par des croix (une croix pour oui).**

est plus long que	A	B	C	D
A				
B				
C				
D				

CORRIGÉS → LIVRET PARENTS p. 17

GRANDEURS ET MESURES

13 Comparer des masses

LE COIN DES PARENTS
Utilisez votre balance de cuisine et faites peser à votre enfant des objets de moins d'un kilo afin qu'il les classe sur la table du plus léger au plus lourd.

Je retiens

- Comparer des masses, c'est les classer de **la plus légère** à **la plus lourde** ou l'inverse.
C'est aussi dire si elles sont **égales** (même masse).

cube le plus lourd

cube le plus léger

balles de même masse

Je sais faire

Comparer deux masses entre elles

- Place chaque objet sur un des plateaux de la balance.
- Observe la position de chaque plateau.

L'objet **le plus lourd** est sur le plateau **le plus bas**.

L'aiguille penche vers l'objet le plus lourd.

L'ananas est **plus lourd** que la pomme.

Si aucun plateau ne descend, les deux masses sont **égales**.

L'aiguille reste droite.

Les deux casseroles ont la **même masse**.

Je m'entraîne

1 ★ **Observe puis complète par :** plus lourd que – plus léger que – aussi lourd que.

Le ballon est .... le livre.

Le vase est .... le cube.

Le livre est .... le vase.

2 ★★ **Place l'aiguille sur chaque balance comme il convient.**

BILAN ★★★ **Dessine les fruits comme il convient.**

La banane est plus lourde que l'abricot.

La pomme est plus légère que la banane.

L'abricot est plus léger que la pomme.

Quel est le fruit le plus lourd ? ....

Quel est le fruit le plus léger ? ....

CORRIGÉS → LIVRET PARENTS p. 17

GRANDEURS ET MESURES

14 La monnaie

LE COIN DES PARENTS

Jouez avec votre enfant à des jeux de société qui utilisent la monnaie. Laissez-le aussi acheter le pain afin de le familiariser avec la manipulation des euros.

Je retiens

- En France, on utilise des **pièces** et des **billets** en **euros** (symbole €).

Les pièces

1 € 2 €

Les billets

5 € 10 € 20 € 50 €

Je sais faire

Faire un échange de monnaie

- **Tu donnes**

- **Tu reçois**

ou

Payer un achat

- Tu commences par donner les billets puis les pièces.

ou

Il y a encore d'autres solutions.

Je m'entraîne

1 ★ Écris la somme que possède chaque enfant.

Leïla	Théo	Sarah	Karim

....	....	....	....

2 ★★ Dessine une façon de payer en utilisant le moins de billets et de pièces possible :

– un menu burger avec des frites et une glace à 12 € ;

– une doudoune à 62 €.

BILAN ★★★ Résous ce problème.

Jérôme a 15 €, mais il hésite entre les achats 1, 2 et 3.

Complète le tableau.

sachet de billes

handspinner

	achats	prix total	achat possible	monnaie rendue
1		....	☐ oui ☐ non	....
2		....	☐ oui ☐ non	....
3		....	☐ oui ☐ non	....

CORRIGÉS → LIVRET PARENTS p. 17

GRANDEURS ET MESURES

15 L'heure et les moments de la journée

LE COIN DES PARENTS
Dès que vous voyez une pendule à aiguilles, demandez à votre enfant quelle heure indique la petite aiguille.
Faites-lui raconter sa journée et aidez-le à remettre les événements dans l'ordre.

Je retiens

- **Il y a 24 h dans une journée :** les heures du **matin** de 0 h à 12 h et les heures de l'**après-midi** ou du **soir** de 13 h à 24 h.

  La petite aiguille indique les heures, la grande aiguille indique les minutes.
  Quand la grande aiguille est sur le 12, il n'y pas de minutes. On dit que c'est l'**heure pile** : **6 h pile**.

Il est 6 h ou 6 h du matin.

Il est 18 h ou 6 h de l'après-midi. L'après-midi, 1 h devient 13 h, 2 h devient 14 h, etc.

Je sais faire

Se repérer dans la journée

Trois moments de la journée d'Arthur

matin → après-midi → soir

8 heures (8 h) | 5 heures (17 h) | 9 heures (21 h)

Je m'entraîne

1 ★ **Place les petites aiguilles sur les cadrans et écris les heures dans les pendules digitales.**

Il est 2 h.

Il est 17 h.

Il est 12 h (midi).

Il est 23 h.

2 ★★ **Indique l'heure qu'il est. Puis complète les phases en utilisant les mots :** le matin – l'après-midi – le soir.

Il est ...., c'est ....

Il est ...., c'est ....

Il est ...., c'est ....

Classe dans l'ordre ces moments de la journée :

....

BILAN ★★★ **Colorie le matin en bleu, l'après-midi en jaune et le soir en vert. Puis relie les étiquettes à la ligne du temps.**

7 h		9 h			12 h				16 h			19 h		21 h

Je goûte.	J'arrive à l'école.	Je dîne.	Je déjeune.	Je me couche.	Je me lève.

CORRIGÉS → LIVRET PARENTS p. 17

ESPACE ET GÉOMÉTRIE

16 Situations dans l'espace

LE COIN DES PARENTS

Il est important que vous parliez à votre enfant en utilisant un vocabulaire précis et riche. Ainsi, il sera à l'aise pour décrire ce qui l'entoure et s'approprier son environnement proche.

Je retiens

- Pour se repérer dans l'espace, on utilise des **mots précis** :
  – à droite, à gauche, droite, gauche ;
  – sur, sous, dessus, dessous ;
  – devant, derrière ;
  – à l'intérieur, à l'extérieur.

Je sais faire

Connaître les positions

- **À droite, à gauche, droite, gauche**

Tu vois que la balle est **à gauche** et que le livre est **à droite**.

Le garçon tient la balle dans la main **droite** et le livre dans la main **gauche**.

- **Devant, derrière**

Le vélo est **devant** la maison.

L'arbre est **derrière** la maison.

- **Sur, sous ; dessus, dessous ; au-dessus, au-dessous**

Le gâteau est **sur** la table : il est **dessus, au-dessus**.

Le tabouret est **sous** la table : il est **dessous, au-dessous**.

- **À l'intérieur, à l'extérieur**

Le poisson est **à l'intérieur** du bocal (dedans).

Le chat est **à l'extérieur** du bocal (en dehors).

Je m'entraîne

1 ★ **Complète les phrases par :** droite, gauche, sur, sous, dessus, dessous.

La botte .... de Nélia est bleue et sa botte .... est jaune.

Nélia est .... le parapluie.

Elle est ....

Elle passe .... le pont.

Elle est ....

2 ★★ **Dessine 5 pommes à l'intérieur du rectangle et 4 bananes à l'extérieur du cercle.**

3 ★★ **Complète par devant ou derrière, puis réponds à la question.**

Sam est juste .... Fred.

Alix est .... Lucie.

Qui est devant tous les autres ?

....

BILAN ★★★ **Observe le dessin puis complète le texte à l'aide des mots du Je sais faire.**

Mathis est à vélo.

Il tourne à ...., passe .... de la rivière puis tourne à ....

Il passe .... un pont et tourne à ....

Il arrive .... le parc et entre ....

CORRIGÉS → LIVRET PARENTS p. 18

ESPACE ET GÉOMÉTRIE

17 Utiliser une règle

LE COIN DES PARENTS

Assurez-vous que votre enfant place sa main libre au milieu de la règle pour l'empêcher de bouger, puis trace le segment en une seule fois sans revenir dessus.

Je retiens

- Une règle permet de **tracer** des segments, de compléter et de tracer des figures.

Je sais faire

Tracer un segment entre 2 points.

- **Place** ta règle sous le **point de départ** et sous le **point d'arrivée**.

- **Trace** le **segment** en appuyant le crayon contre le bord de la règle.

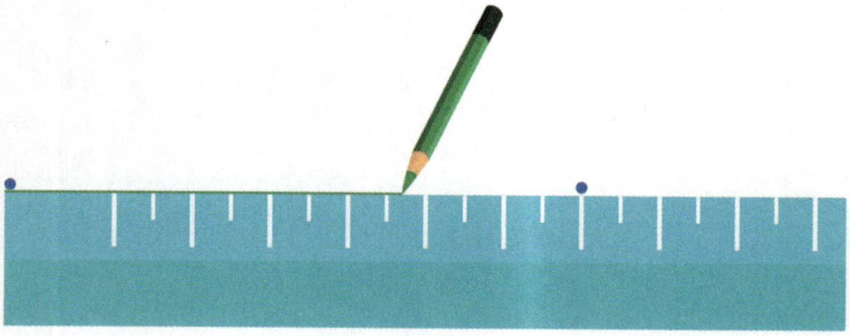

Je m'entraîne

1 ★ Continue le tracé de la frise.

2 ★★ Trace le segment qui relie les points A et B.
Entoure les points par lesquels ce segment ne passera jamais.

3 ★★ Relie avec ta règle les points de 1 à 10 en traçant des segments.

BILAN ★★★ Trace un carré en utilisant les points A, B, C et D.
Puis trace un rectangle en utilisant les points E, F, G et H.

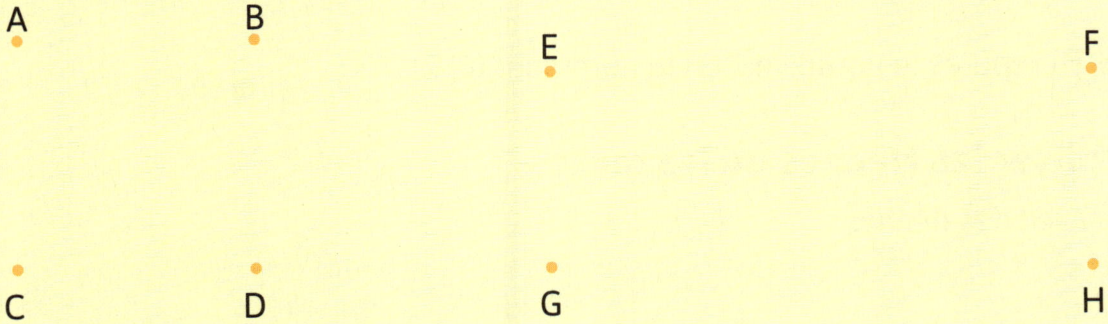

CORRIGÉS → LIVRET PARENTS p. 18

ESPACE ET GÉOMÉTRIE

18 Se repérer et se déplacer sur un quadrillage

LE COIN DES PARENTS
Aidez votre enfant à s'orienter dans le sens du déplacement. Si nécessaire, tournez la feuille pour qu'il comprenne dans quelle direction il va.

Je retiens

- Sur un quadrillage, tous les objets sont **vus de dessus.**
  Pour se repérer et se déplacer sur un quadrillage, il faut se mettre à la place de celui qui se déplace.

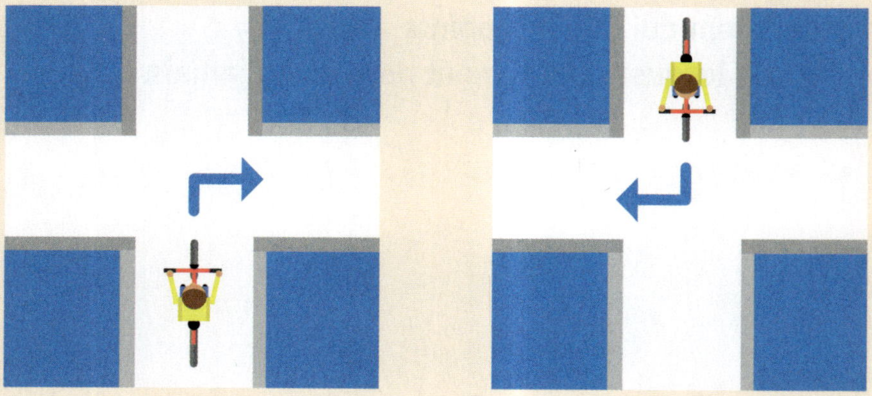

Sur les deux quadrillages, le cycliste va tourner à droite.

Je sais faire

Utiliser les cases ou les nœuds

- Tu repères la **case verte** en la nommant (C, 2).

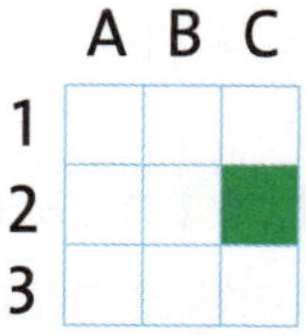

- Tu repères le **nœud vert** en le nommant (C, 2).

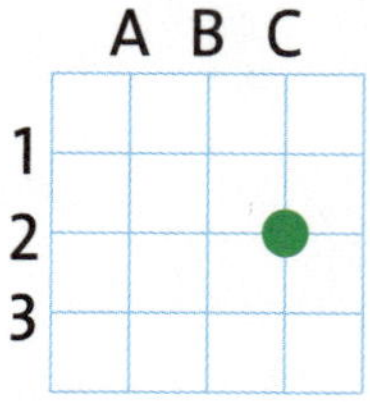

Utiliser les flèches ou les mots

- avec des flèches : ↓ ↑ → ←
- avec des mots : vers le bas vers le haut à droite à gauche

Je m'entraîne

1 ★ **Dessine les voitures et trace une flèche pour indiquer leur direction.**

La voiture rouge est en (D, 1) et va tourner à gauche.

La voiture bleue est en (A, 2) et va tourner à droite.

La voiture verte est en (B, 4) et va aller tout droit vers le haut.

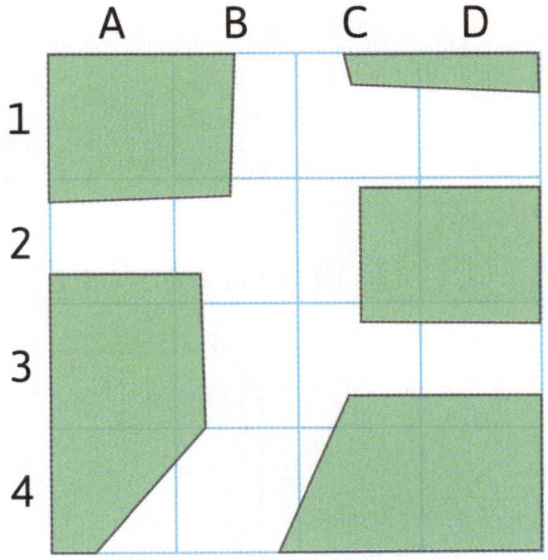

2 ★★ **Sur quel nœud du filet se trouve chaque poisson ?**

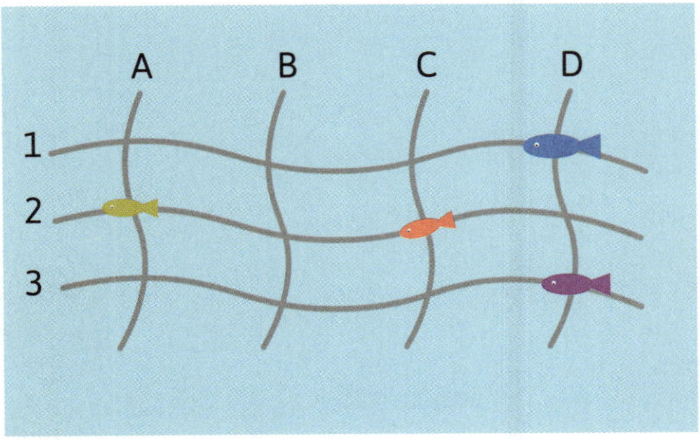

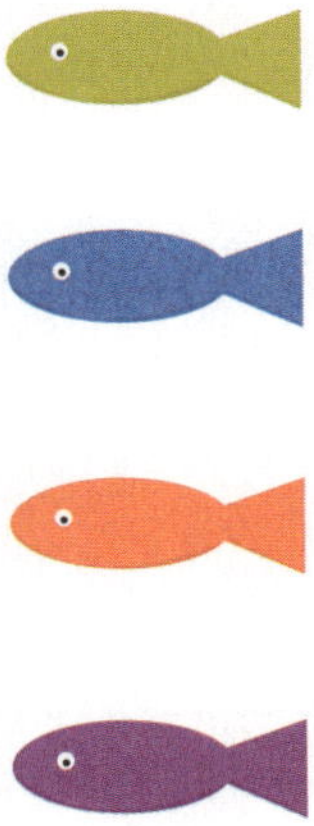

(……, ……)

(……, ……)

(……, ……)

(……, ……)

BILAN ★★★ **Réponds aux questions.**

a. Donne la position du lapin (……, ……) et de la salade (……, ……).

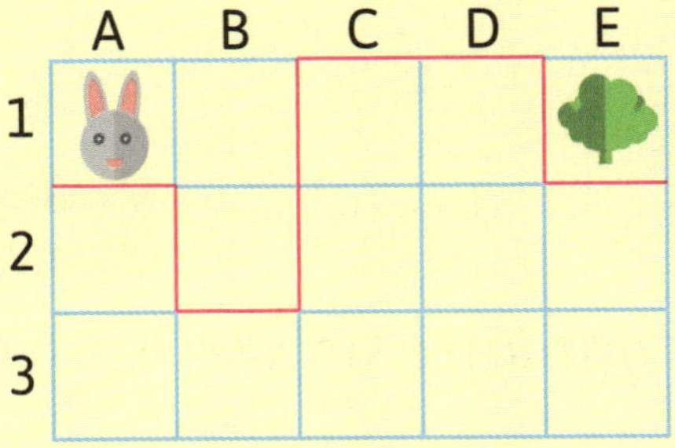

b. Code le chemin du lapin jusqu'à la salade en t'aidant du tracé rouge.

→	↓							

Combien de fois a-t-il tourné à droite ? ……………………………………

À gauche ? ……………………………………

CORRIGÉS → LIVRET PARENTS p. 18

19 Les figures planes

LE COIN DES PARENTS
Vous pouvez lancer des défis à votre enfant : reconnaître le plus de formes géométriques dans les objets de la vie quotidienne.

Je retiens

- Voici 4 **figures géométriques** :

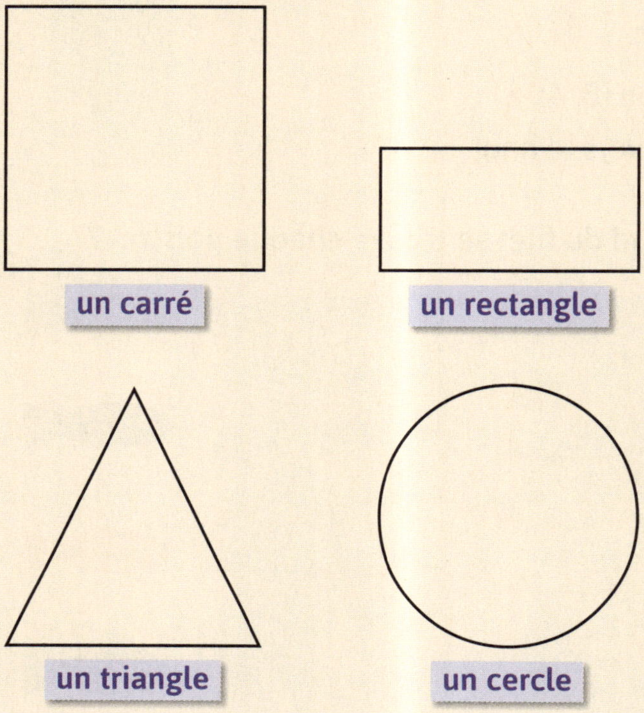

Je sais faire

Reconnaître un carré, un rectangle, un triangle, un cercle

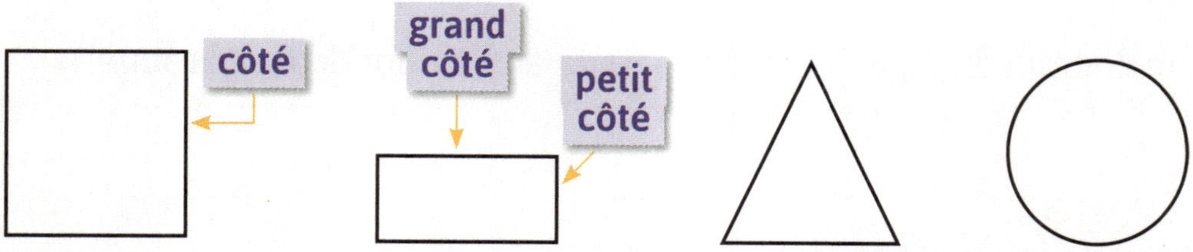

le carré
4 côtés égaux

le rectangle
2 grands côtés égaux
2 petits côtés égaux

un triangle
3 côtés

un cercle
C'est un rond.

Je m'entraîne

1 ★ **Colorie les carrés en rouge, les rectangles en bleu, les triangles en vert et les cercles en rose.**

2 ★★ **Indique le nombre de figures géométriques visibles sur ce robot.**

Il y a .... carrés, ... rectangles,

.... cercles et .... triangles.

BILAN ★★★ **Relie chaque description au nom du solide qui correspond, puis à son dessin.**

J'ai 2 grands côté égaux. •	• un triangle •	•
J'ai 3 côtés. •	• un carré •	•
J'ai 4 côtés égaux. •	• un cercle •	•
Je suis un rond. •	• un rectangle •	•

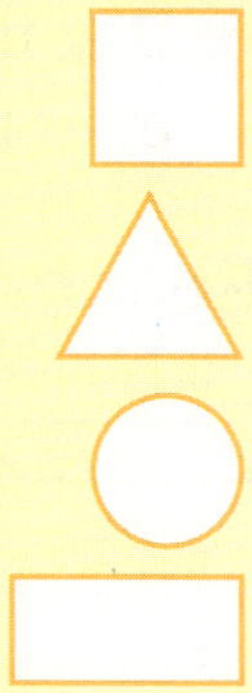

CORRIGÉS → LIVRET PARENTS p. 18

ESPACE ET GÉOMÉTRIE

20 Les solides

LE COIN DES PARENTS
Lancez un défi à votre enfant dans la cuisine : le premier qui trouve 10 objets ayant une forme de cube ou de pavé a gagné.

Je retiens

- Voici 6 **solides** :

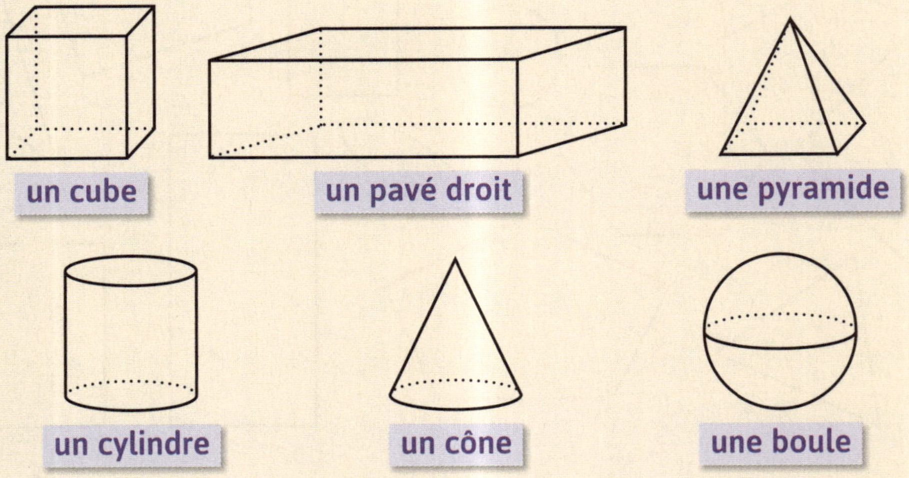

Je sais faire

Reconnaître les faces d'un solide

- Beaucoup de solides ont des faces planes qui sont en forme de **carré**, de **rectangle**, de **triangle** ou de **cercle**.

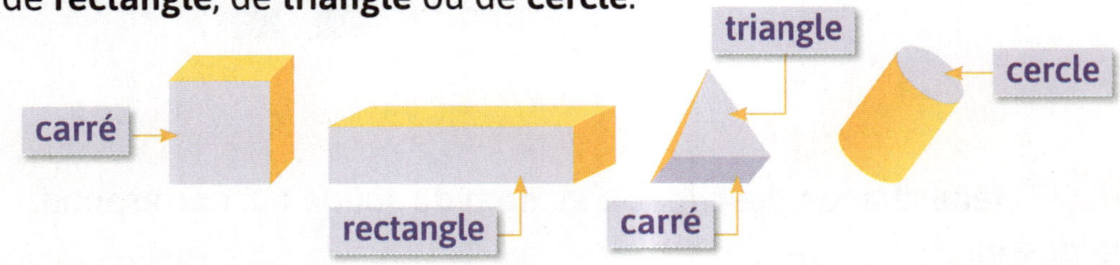

- D'autres solides ont des faces courbes et ils peuvent rouler.

Reconnaître un cube, un pavé droit

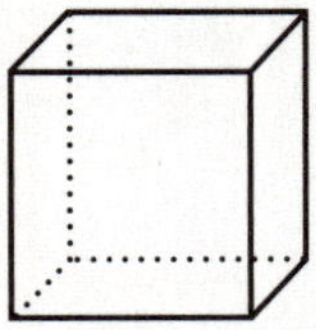

un cube
6 faces carrées
12 arêtes de même longueur
8 sommets

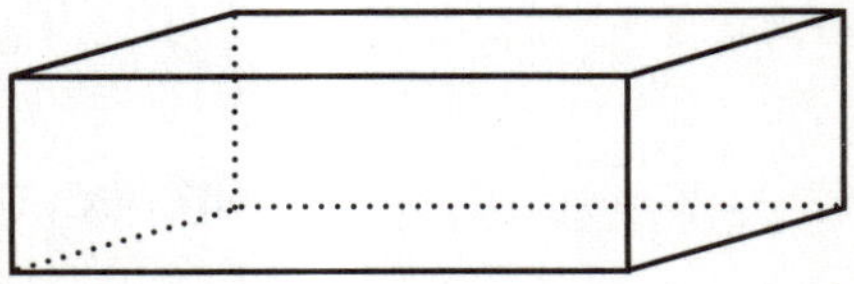

un pavé droit
6 faces rectangulaires
12 arêtes
8 sommets

Je m'entraîne

1 ★ **Recopie le nom de chaque solide sous la bonne image :** cube, boule, cône, pyramide, cylindre, pavé droit. Puis, entoure ceux qui peuvent rouler.

....

2 ★★ **Colorie les cubes en vert et les pavés droits en jaune.**

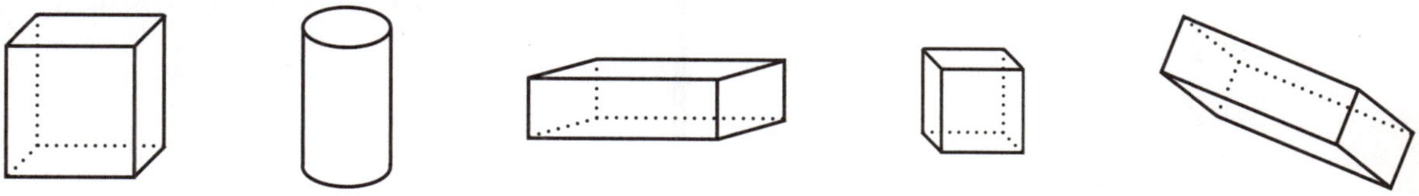

3 ★★ **Relie chaque solide à son empreinte. Attention, parfois plusieurs réponses sont possibles.**

BILAN ★★★ **Lis les descriptions et barre les solides qui ne correspondent pas.**

Je n'ai que des faces planes.

cube | boule | cône | pyramide | cylindre | pavé droit

Je n'ai pas de sommet.

cube | boule | cône | pyramide | cylindre | pavé droit

J'ai six faces.

cube | boule | cône | pyramide | cylindre | pavé droit

J'ai une ou deux faces.

cube | boule | cône | pyramide | cylindre | pavé droit

CORRIGÉS → LIVRET PARENTS p. 18

Je m'évalue ★

1. Écris en lettres ou en chiffres.

- 1 : ....
- trois : ....
- huit : ....
- 5 : ....

▢ ▢ ▢

2. Complète pour que les écritures des sommes soient correctes.

- 2 = ... + 1
- 4 .... 3 = 7
- 5 .... 3 + 2
- 6 + 3 = ...

▢ ▢ ▢

3. Range l'écriture de ces nombres du plus petit au plus grand.

1 d et 4 u • dix • 10 + 8 • 15

.... – .... – .... – ....

▢ ▢ ▢

4. Relie les écritures d'un même nombre.

10 + 10 + 10 + 2 •	• 10 + 10 + 7
56 •	• 32
vingt-sept •	• soixante-deux
6 d et 2 u •	• 5 d et 6 u

▢ ▢ ▢

5. Complète.

7 d + 4 u = ... 8........ > 88

98 < 9........ 78 + 10 = ...

▢ ▢ ▢

6. Calcule mentalement.

11 + 6 = ... 42 + 7 = ...

4 + 23 = ... 10 + 12 = ...

▢ ▢ ▢

7. Relie chaque double à sa moitié.

2 •	• 5
12 •	• 9
10 •	• 1
18 •	• 6

▢ ▢ ▢

8. Pose et effectue sur ton cahier.

- 12 + 25
- 37 + 18

▢ ▢ ▢

9. Calcule ou complète les opérations.

	2	9
–	....	....
	1	3

	6	8
–	....	....
	3	3

36 – 4 = ... 82 – 3 = ...

▢ ▢ ▢

10. Entoure les données qui te permettent de répondre.

Noé vit à la campagne. Il a 2 chiens, 1 chat, 3 hamsters et 1 vélo.

Combien Noé a-t-il d'animaux ?

▢ ▢ ▢

11. Maman a soufflé 40 bougies pour son anniversaire et 32 se sont éteintes. Combien de bougies sont restées allumées ?

Opération : ....

Il reste .... bougies allumées.

▢ ▢ ▢

12. **Compare ces barres à l'aide d'une bande de papier. Classe-les de la plus courte à la plus longue.**

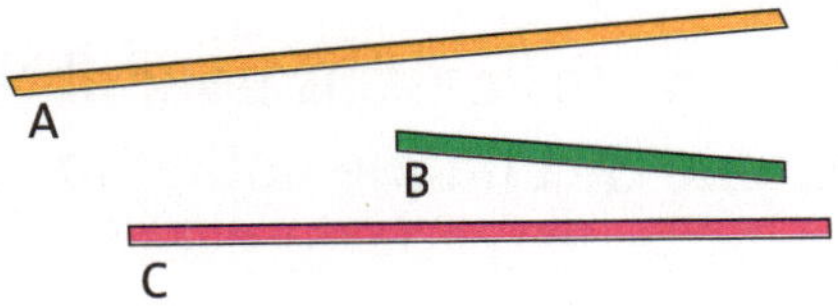

La bande .... est plus petite que la bande .... qui est plus petite que la bande ....

13. **Classe du plus léger au plus lourd.**

Le cube ..... est plus léger que le cube ..... qui est plus léger que le cube .....

14. **Dessine 13 euros en utilisant le moins de billets et de pièces possible.**

15. **Place les petites aiguilles sur les cadrans.**

16. **Réponds par vrai (V) ou faux (F).**

La coccinelle est sous la lune. ....

Le papillon est à droite du cœur. ....

La pomme est au-dessus du cœur .... et à gauche de la coccinelle. ....

17. **Écris le nom de l'outil que tu utilises pour tracer des segments.**

....

18. **En partant du point rouge, trace le chemin en suivant le code.**

↓ ↓ → → ↑ ← ↑ →

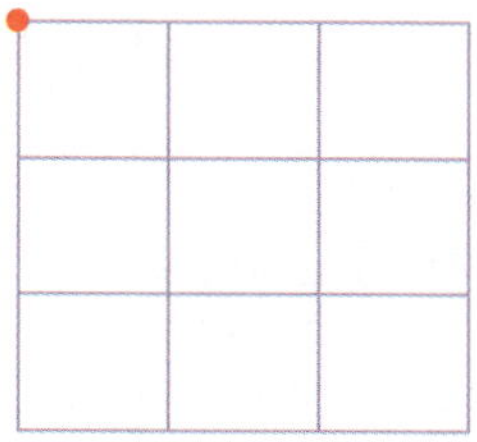

19. **Barre ce qui est faux.**

Le cercle a 2 côtés, le triangle 3 côtés, le carré 4 côtés et le rectangle 5 côtés.

20. **Écris le nom de ces solides.**

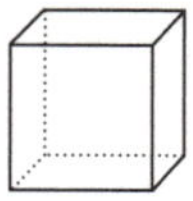 ....

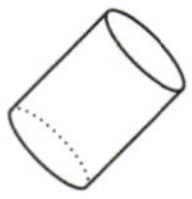 ....

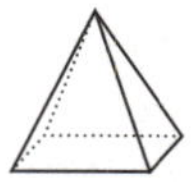 ....

CORRIGÉS → LIVRET PARENTS p. 18

Je m'évalue

1. Compte le nombre de bonbons dans chaque sac et écris-le.

....

2. Trouve 4 décompositions du nombre 9.

- .... + ... = 9
- .... + ... = 9
- .... + ... = 9
- .... + ... = 9

3. Écris les nombres en chiffres.

- dix-sept : ....
- treize : ....
- 1 d : ....
- 1 dizaine et 5 unités : ....

4. Trouve les nombres qui viennent après.

- 19 : ....
- 39 : ....
- 50 : ....
- 59 : ....

5. Encadre avec le nombre juste avant et le nombre juste après.

- .... < 98 < ....
- .... < 70 < ....
- .... < 50 + 10 < ....
- .... < 8 d et 2 u < ....

6. Calcule mentalement.

- 10 + 32 = ...
- 42 + 7 = ...
- 9 + 9 = ...
- 84 + 5 = ...

7. Termine les dessins pour obtenir le double de chaque collection.

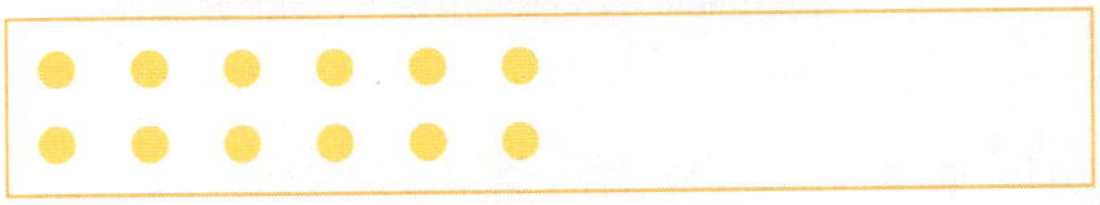

8. Pose et effectue.

- 12 + 23 + 32
- 46 + 7 + 39

9. Calcule mentalement.

- 98 – 42 = ...
- 67 – 33 = ...

10. Entoure le texte qui est un problème.

- Julie a 36 perles dans une boîte. Elle en utilise 24 pour faire un collier. Combien a coûté la boîte de perles ?
- Julie a 36 perles dans une boîte. Elle en utilise 24 pour faire un collier. Combien lui en reste-t-il pour faire un bracelet ?

11. Résous le problème de la question 10 et réponds par une phrase.

....

....

....

12. **Avec un trombone, compare les 3 segments et classe-les du plus court au plus long.**

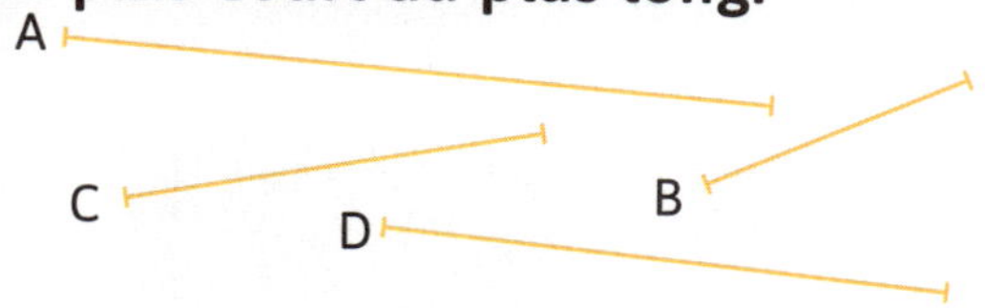

....

13. **Dessine les pommes qu'il manque sur les balances.**

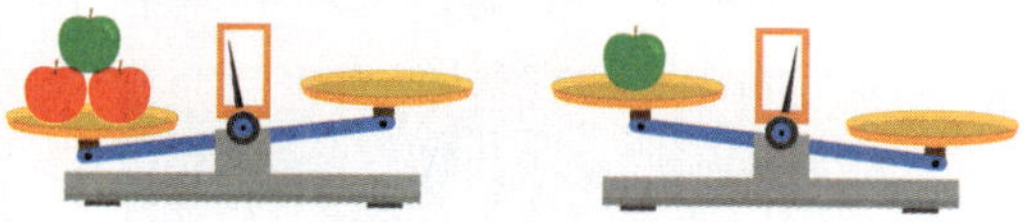

14. **Leïla a 15 €. Elle achète une corde à sauter à 6 €. Dessine la monnaie qu'il lui reste.**

15. **Complète avec les mots qui manquent :** 8h, midi, 21h.

Quand je suis fatiguée, je me couche à .... Le matin, je pars à .... pour aller à l'école et le .... je rentre déjeuner à la maison.

16. **Barre les mots qui ne conviennent pas.**

- L'étagère est sous / sur la pendule.
- Le cartable est devant / derrière le bureau.
- L'enfant tient son crayon de la main droite / gauche.

17. **Trace une figure en reliant les points dans l'ordre alphabétique.**

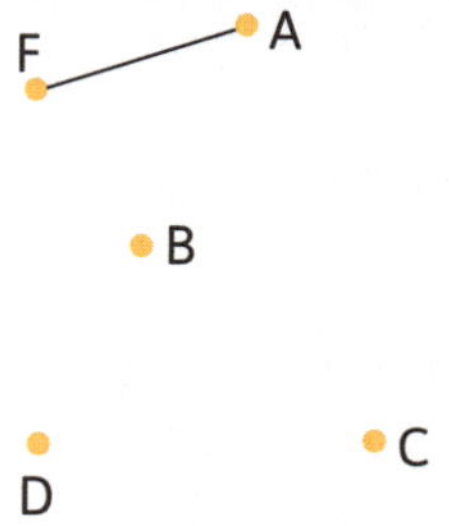

18. **Code le trajet entre le papillon et l'arbre.**

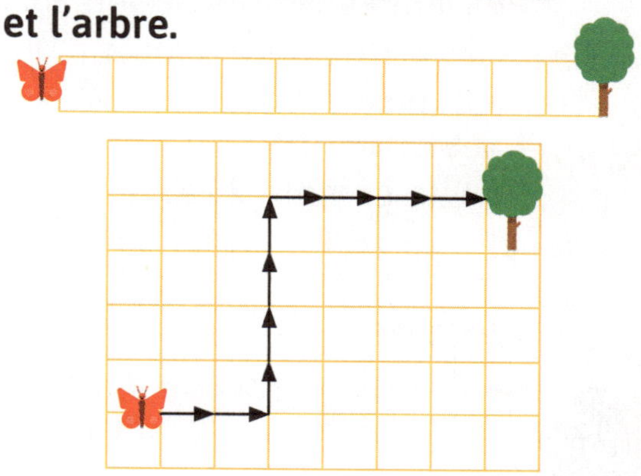

19. **Trace un rectangle.**

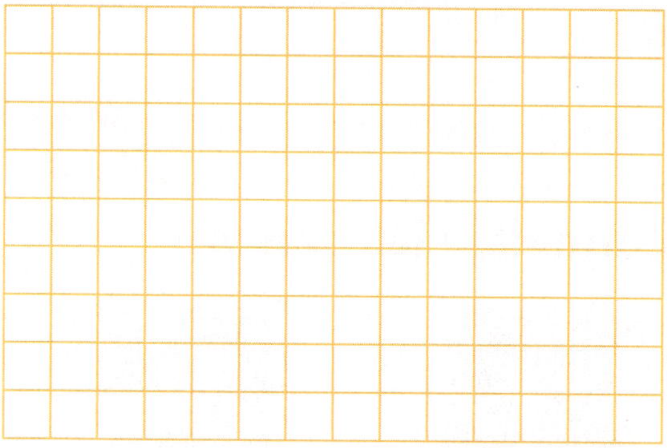

20. **Écris le nom de deux solides qui peuvent rouler si on les lance.**

....

....

CORRIGÉS → LIVRET PARENTS p. 19

1 Le temps qui passe

LE COIN DES PARENTS

Votre enfant apprend à identifier les rythmes cycliques du temps : les jours (avec l'alternance jour/nuit), les semaines, les mois et les saisons.

Je retiens

Les mois

- Dans une année, il y a **12 mois**.

Les saisons

- L'année est découpée en **saisons**, chacune dure **3 mois**.

La semaine

- Elle compte **7 jours**.

lundi | mardi | mercredi | jeudi | vendredi | samedi | dimanche

Le jour

- Il correspond à la durée de la **journée** et de la **nuit**.

1 jour →

aube	jour	crépuscule	nuit	aube
Le soleil se lève.	Je vais à l'école.	Le soleil se couche.	Je dors.	Le soleil se lève.

Je sais faire

Connaître les saisons

L'hiver

janvier | février | mars

Il fait froid. Les journées sont courtes. Les arbres n'ont plus de feuilles.

Le printemps

avril | mai | juin

Le temps se réchauffe. Les journées s'allongent. Les arbres bourgeonnent.

L'été

juillet | août | septembre

Il fait chaud. Les journées sont longues. Les arbres donnent des fruits.

L'automne

octobre | novembre | décembre

Il commence à faire plus froid. Les jours raccourcissent. Les arbres perdent leurs feuilles.

Je m'entraîne

1 ★ **La soucoupe volante suit les jours de la semaine. Trace son chemin.**

2 ★ **Numérote les mois dans l'ordre.**

......	mars	......	mai	......	février	......	septembre
......	janvier	......	avril	......	juin	......	décembre
......	juillet	......	août	......	novembre	......	octobre

3 ★★ **Relie chaque mois à la saison à laquelle il appartient.**

mars •	• hiver •	• mai
novembre •	• printemps •	• septembre
août •	• été •	• juillet
janvier •	• automne •	• avril

BILAN ★★★ **Réponds par vrai ou faux.**

Il y a 7 jours dans une semaine.	☐ Vrai	☐ Faux
À l'aube, le soleil se lève.	☐ Vrai	☐ Faux
Le mois de mars vient après le mois de février.	☐ Vrai	☐ Faux
Le mois de juin est en automne.	☐ Vrai	☐ Faux
Après mercredi, c'est vendredi.	☐ Vrai	☐ Faux

CORRIGÉS → LIVRET PARENTS p. 19

2 Le calendrier

LE COIN DES PARENTS

En utilisant le calendrier, votre enfant construit les notions de continuité et succession, antériorité et postériorité, simultanéité.

- Le calendrier permet de **se repérer** dans le mois, dans la semaine, et de savoir quel jour on est.

les jours de la semaine

L : lundi
M : mardi
M : mercredi
J : jeudi
V : vendredi
S : samedi
D : dimanche

le mois

SEPTEMBRE					
L		6	13	20	27
M		7	14	21	28
M	1	8	15	22	29
J	2	9	16	23	30
V	3	10	17	24	31
S	4	11	18	25	
D	5	12	19	26	

samedi 4 septembre

1 semaine (7 jours)

Je sais faire

Chercher le jour correspondant à une date

À quel jour correspond le 24 juillet ?

- Tu cherches le nombre 24 dans la **colonne des nombres**.
- Tu lis la lettre du jour, à la **date du 24** : L (lundi).
- Le 24 juillet est **un lundi**.

Chercher la date

Quelle est, ici, la date de la fête nationale ?

- Tu cherches fête nationale dans la **colonne des noms**.
- Tu lis ce qui est à gauche de « fête nationale » : **14 V**.
- La date de la fête nationale est le **vendredi 14 juillet**.

		JUILLET
1	S	S. Thierry
2	D	S. Martinien
3	L	S. Thomas
4	M	S. Florent
5	M	S. Antoine-Marie
6	J	Ste Marietta
7	V	S. Raoul
8	S	S. Thibaut
9	D	Ste Amandine
10	L	S. Ulrich
11	M	S. Benoît
12	M	S. Olivier
13	J	S. Henri, S. Joël
14	V	Fête nationale
15	S	S. Donald
16	D	N.-D. Mt-Carmel
17	L	Ste Charlotte
18	M	S. Frédéric
19	M	S. Arsène
20	J	Ste Marina
21	V	S. Victor
22	S	Ste Marie-Mad.
23	D	Ste Brigitte
24	L	Ste Christine
25	M	S. Jacques le Maj.
26	M	Ste Anne
27	J	Ste Nathalie
28	V	S. Samson
29	S	Ste Marthe
30	D	Ste Juliette
31	L	S. Ignace de L.

Je m'entraîne

1 ★ **Complète l'emploi du temps d'Amin avec ces mots :** goûter – mardi – foot – promenade – vendredi – cinéma – visite.

Mardi, il va au cinéma avec sa classe.

Mercredi, il est invité à un goûter.

Vendredi, il part visiter un château.

Samedi, il joue au foot.

Dimanche, il fait une promenade en forêt.

	Activités
lundi	basket
....	....
mercredi	....
jeudi	musée
....	....
samedi	....
dimanche	....

2 ★★ **Réponds aux questions suivantes.**

Quel mois est représenté sur ce calendrier ?

....

Combien compte-t-il de jours ? ....

Dans ce mois, combien y a-t-il de lundis ?

....

Le 10 avril est un ....

AVRIL					
L	1	8	15	22	29
M	2	9	16	23	30
M	3	10	17	24	
J	4	11	18	25	
V	5	12	19	26	
S	6	13	20	27	
D	7	14	21	28	

BILAN ★★★ **Aide-toi du calendrier pour répondre aux questions.**

À quel jour de la semaine correspond le 31 décembre ?

....

Quelle est la date de Noël ?

....

Quelle est la date du premier jour de l'hiver ?

....

DÉCEMBRE					
18	**L**	S. Gatien	**25**	**L**	NOËL
19	**M**	S. Urbain	**26**	**M**	S. Étienne
20	**M**	S. Abraham	**27**	**M**	S. Jean
21	**J**	HIVER	**28**	**J**	SS. Innocents
22	**V**	Ste Fr.-Xavière	**29**	**V**	David
23	**S**	S. Armand	**30**	**S**	S. Roger
24	**D**	S. Adèle	**31**	**D**	S. Sylvestre

CORRIGÉS → LIVRET PARENTS p. 19

3 TEMPS
L'école autrefois et aujourd'hui

LE COIN DES PARENTS
À travers l'évolution de l'école, votre enfant prend conscience de l'évolution des modes de vie et du caractère irréversible du temps qui passe.

Je retiens

Le temps qui passe

- L'école a beaucoup changé depuis l'époque de tes arrière-grands-parents, il y a 100 ans.

Je sais faire

Reconnaître des objets du passé

- On peut reconnaître les objets du passé aux **matériaux** dans lesquels ils sont fabriqués. À l'époque de tes arrière-grands-parents, le plastique n'existait pas. On utilisait du bois, de la porcelaine, du métal…

un boulier en bois

un encrier en porcelaine et un porte-plume en bois

un pupitre

Je m'entraîne

1 ★ **Relie chaque écolier à son matériel de classe.**

Il y a 100 ans

Aujourd'hui

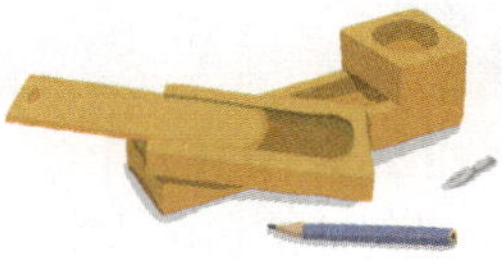

2 ★★ **Complète les devinettes avec ces mots :** un plumier – un encrier – une blouse – un pupitre.

C'est le vêtement porté par les écoliers autrefois : ....

C'est une table en bois avec un banc attaché : ....

C'est un petit pot avec de l'encre : ....

C'est une boîte en bois pour ranger les plumes : ....

BILAN ★★★ **Classe les mots dans le tableau :** du scotch – un classeur – un boulier – une plume – une blouse – une calculatrice.

Dans l'école d'autrefois	Dans l'école d'aujourd'hui
....	....
....	....
....	....

Bien dans ma vie d'écolier !
Français
Maths
Espace – Temps EMC
Sciences
Anglais

CORRIGÉS → LIVRET PARENTS p. 19

ESPACE

4 Les milieux où nous vivons

LE COIN DES PARENTS

Votre enfant apprend à se repérer dans des espaces proches connus : la classe, la rue, le quartier.

Je retiens

- **Les endroits où nous vivons sont souvent des endroits familiers.**

La **classe** est un endroit où les élèves étudient avec l'enseignant(e).

L'**école**, située au milieu du village ou d'un quartier, regroupe tous les enfants de 3 à 11 ans.

Le **quartier** est composé de rues, d'habitations et de magasins.

Je sais faire

Comprendre l'organisation d'un quartier

- Un quartier est un espace organisé pour que les gens puissent :
  – garer leur **voiture** (parking) pour pouvoir faire des **courses** (commerces et marché) ou déposer les enfants à l'**école** ;
  – se **loger** (immeubles) ;
  – attendre un **transport** (abribus) ;
  – se **promener** et se détendre (parc) ;
  – se **déplacer** en voiture (rue) ou à pied (trottoir).

Je m'entraîne

1 ★ **Certains espaces aménagés facilitent la circulation des véhicules et des piétons. Écris sous chaque photo le nom de l'espace aménagé qui convient :** une rue piétonne – un parking de supermarché.

....

2 ★★ **Complète les phrases avec ces mots :** piétons – voitures – courses.

Le parking du supermarché est un espace aménagé pour faciliter le stationnement des .... afin de pouvoir faire ses ....

La rue piétonne est aménagée pour faciliter le déplacement des .... en toute sécurité.
Elle est interdite aux ....

BILAN ★★★ **Relie chaque étiquette à l'emplacement qui convient.**

bibliothèque • tableau • armoire • bureau

matériel collectif • espace de regroupement • table individuelle • ordinateur

CORRIGÉS → LIVRET PARENTS p. 20

ESPACE

5 Le village et la ville

LE COIN DES PARENTS

Votre enfant apprend à distinguer et à caractériser deux espaces géographiques : l'espace rural et l'espace urbain.

Je retiens

Le village

- Dans un **village**, les maisons sont groupées autour du centre. Parfois, les grosses fermes sont un peu plus isolées.
- Lorsqu'on parle de l'environnement de la campagne, on utilise le mot **rural**.

La ville

- Une ville est plus grande qu'un village.
- Le **centre d'une ville** est un quartier animé dans lequel il y a la mairie, des commerces, des logements.
- Les **villes** se développent pour pouvoir loger les nouveaux habitants dans des immeubles ou des maisons et installer des centres commerciaux.
- Lorsqu'on parle de l'environnement de la ville, on utilise le mot **urbain**.

Je sais faire

Reconnaître un espace rural et un espace urbain

- **Un espace rural**
Les maisons sont espacées les unes des autres. Il y a peu ou pas d'immeubles, peu d'habitants. Autour, on trouve des champs, des forêts, des prés. C'est la **campagne**.

- **Un espace urbain**
Les maisons sont serrées et les immeubles nombreux. Les espaces verts sont rares. La circulation des gens et des voitures est importante. C'est la **ville**.

Je m'entraîne

1 ★ **Écris sous chaque photo ce qui convient :** un centre-ville – une grande ville – un village.

....

2 ★★ **Relie chaque photo au milieu qui correspond.**

• espace rural •

• espace urbain •

BILAN ★★★ **Réponds par vrai ou faux.**

Un village est plus grand qu'une ville.	☐ Vrai	☐ Faux
Paris est une ville.	☐ Vrai	☐ Faux
Il n'y a pas de fermes dans les grandes villes.	☐ Vrai	☐ Faux
Les villages se trouvent à la campagne.	☐ Vrai	☐ Faux

CORRIGÉS → LIVRET PARENTS p. 20

ESPACE

6 Représenter l'espace

LE COIN DES PARENTS

Un espace peut être représenté de différentes façons, en deux ou trois dimensions. Votre enfant apprend à se repérer et à s'orienter dans ces représentations plus ou moins proches de la réalité.

Je retiens

- Il existe différents moyens de **représenter** l'espace d'une **maison**.

Une photographie

On voit la maison telle qu'elle est sur le terrain, mais on ne peut pas voir tous les murs.

Un dessin

C'est une représentation personnalisée de la maison; on ne peut pas voir tous les murs.

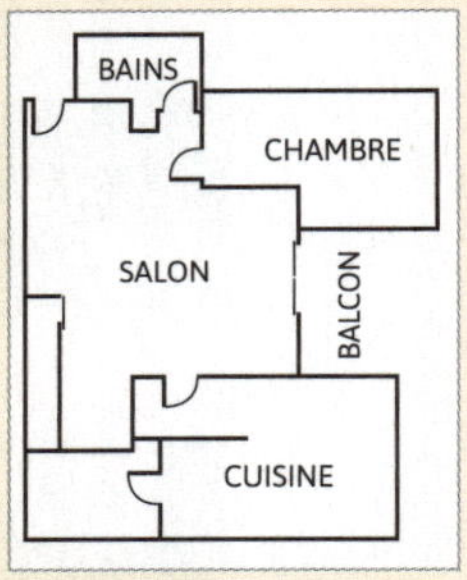

Un plan

C'est un dessin qui représente l'intérieur de la maison, vu de haut.

Une maquette

C'est une maison miniature. En faisant tourner la maquette, on peut voir tous les murs.

Je sais faire

Utiliser un plan et sa légende

- Lis la **légende**, c'est-à-dire le texte du plan.
- Repère le numéro de l'endroit où tu veux te rendre : par exemple, les singes se trouvent à l'emplacement 5 du plan.
- Regarde le chemin que tu dois suivre pour t'y rendre à partir de l'accueil.

Ce plan te permet de te repérer pour visiter le zoo.

Le plan d'un zoo

1 Accueil	**5** Singes
2 Toilettes	**6** Restaurant
3 Aquarium	**7** Fauves
4 Volière	**8** Ferme

Je m'entraîne

1 ★ **Relie chaque étiquette à l'image qui correspond.**

- plan
- dessin
- photographie
- maquette

2 ★★ **Sur le plan, trouve les lieux suivants et entoure leur numéro selon les couleurs indiquées :** la poste : **bleu** – l'église : **rouge** – la gare : **orange** – le stade : **violet** – l'aire de jeux : **vert**.

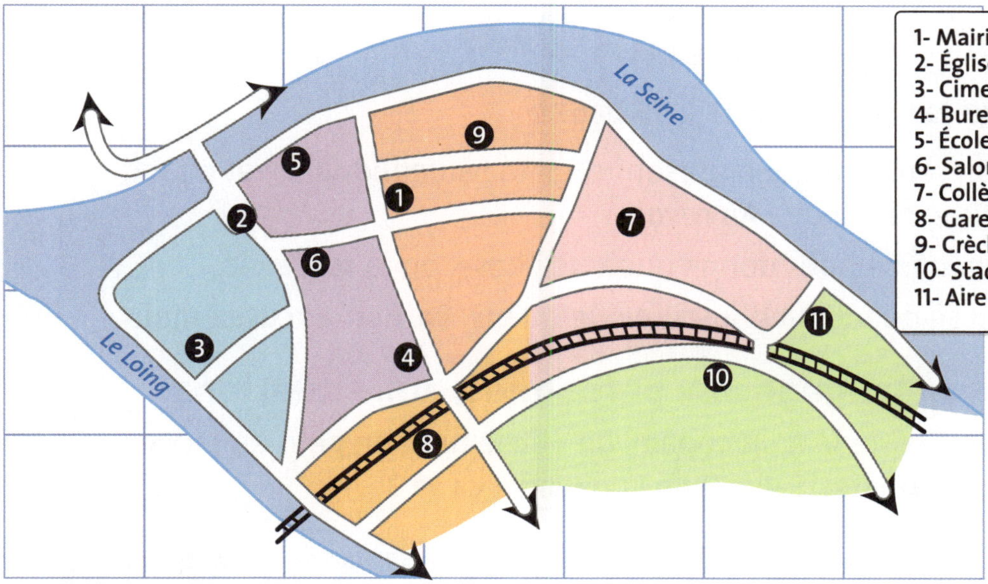

1- Mairie
2- Église
3- Cimetière
4- Bureau de poste
5- École maternelle
6- Salon de coiffure
7- Collège
8- Gare SNCF
9- Crèche
10- Stade
11- Aire de jeux

BILAN ★★★ **Trace les chemins sur le plan en suivant les indications ci-dessous.**

En rouge : le plus court chemin pour aller de l'église à la gare.

En bleu : le plus court chemin pour aller de la poste à l'aire de jeux.

CORRIGÉS → LIVRET PARENTS p. 20

EMC

7 Vivre ensemble

LE COIN DES PARENTS

L'objectif est de faire comprendre à votre enfant à quoi servent les diverses règles qui régissent la vie collective, en commençant par un contexte concret qu'ils connaissent bien : l'école.

Je retiens

Les bases du « vivre ensemble »

- Vivre ensemble de façon harmonieuse commence par le **respect**.
- Le **respect de soi**, c'est prendre soin de son **corps** (en ayant une bonne hygiène) et de son **environnement** (en ne dégradant pas son cadre de vie).
- Le **respect des autres** passe par la **tolérance** (en acceptant les différences, visibles ou non) et la **politesse**.

Je sais faire

Connaître les règles de politesse

- Quand on rencontre une personne, on la salue (**Bonjour**) et quand on la quitte, on lui dit : **Au revoir**.
- Si une personne nous donne quelque chose, on la **remercie**.
- On s'excuse quand on bouscule quelqu'un : **Pardon**, **Excusez-moi**.

Adapter son langage aux personnes, aux situations

- Lorsqu'on s'adresse à un copain, on utilise **tu** et on peut employer le **langage familier**. **Salut Théo ! Comment ça va ?**
- Lorsqu'on s'adresse à une personne que l'on ne connaît pas, on utilise **vous** et le **langage courant**, sans mot familier. **Bonjour madame ! Comment allez-vous ?**
- On adapte aussi son comportement aux situations.

- En classe, on se tient sage, mais à la récréation, on peut se défouler.

Je m'entraîne

1 ★ **Langage familier ou langage courant ? Coche comme il convient.**

Salut Chiara ! Ça roule ?	☐ Familier	☐ Courant
Puis-je avoir un renseignement s'il vous plaît ?	☐ Familier	☐ Courant
Excusez-moi monsieur, pouvez-vous m'aider ?	☐ Familier	☐ Courant
Sois sympa ! Prête-moi ta colle !	☐ Familier	☐ Courant

2 ★★ **Relie chaque image à l'étiquette qui convient.**

Il faut lever le doigt avant de prendre la parole en classe.	Il faut arriver à l'heure à l'école.	Il faut travailler en silence pour ne pas déranger ses camarades.

BILAN ★★★ **Complète chaque bulle avec une formule de politesse :**
Merci – Excuse-moi – Au revoir.

☐ ☐ ☐

CORRIGÉS → LIVRET PARENTS p. 20

EMC

8 Les règles de prudence et le Code de la route

LE COIN DES PARENTS
Le civisme passe par le respect des règles, notamment celles de la sécurité routière. À travers elles, votre enfant découvre que les règles ne sont pas seulement faites pour interdire, mais aussi pour protéger.

Je retiens

Les règles de sécurité

- Sur la route, les **piétons** circulent sur les **trottoirs**. Les **véhicules** (voitures, motos, vélos) doivent rouler sur la **chaussée**.
- Un piéton doit regarder à gauche, puis à droite, puis encore à gauche avant de **traverser**. S'il y a un **passage piéton**, il faut l'utiliser.
- Il est dangereux de traverser derrière un bus, car il cache le piéton des autres véhicules.

Le Code de la route

- Les panneaux de signalisation donnent des informations sur ce qui est autorisé, obligatoire ou interdit.

Reconnaître les panneaux de signalisation

- Les panneaux ont des **formes** et des **couleurs** différentes. Elles correspondent à un **message.**

rond et rouge : interdiction

triangulaire et rouge : danger

rond et bleu : obligation

- Le message est complété par un dessin, à l'intérieur du panneau.

passage piéton obligatoire

sens interdit

Connaître d'autres signaux

- Les feux de signalisation indiquent qui peut circuler.
Ce feu tricolore est rouge pour les voitures. Les piétons peuvent traverser.

Je m'entraîne

1 ★ **Numérote ces règles de prudence dans l'ordre que tu dois respecter pour traverser.**

...... Je regarde à gauche, puis à droite, puis encore à gauche.

...... Je m'arrête devant le passage piétons, pas trop près de la chaussée.

...... S'il n'y a pas de véhicule, je m'engage sur la chaussée.

2 ★★ **Colorie en vert les comportements prudents, en rouge ceux qui sont dangereux.**

À vélo ou à roller, je mets un casque.	En voiture, je m'installe sur la banquette avant.
À vélo, je roule sur le trottoir.	Je cours sur le passage piétons.
Je ne traverse pas derrière un bus.	En voiture, je mets ma ceinture.

BILAN ★★★ **Relie chaque panneau à sa signification.**

- passage interdit aux piétons
- passage obligatoire pour les piétons
- danger : attention aux enfants
- passage interdit aux vélos

CORRIGÉS → LIVRET PARENTS p. 20

9 Les symboles de la République

LE COIN DES PARENTS
Votre enfant apprend à reconnaître les symboles de la République française.

Je retiens

La République française

- La France est une **République**, c'est-à-dire un pays dirigé par des personnes élues par les français.

Les symboles de la République

- Le **drapeau tricolore** flotte sur tous les bâtiments publics.

- La **Marseillaise** est l'hymne (le chant) national. On l'entend au cours de cérémonies ou de certaines rencontres sportives.

Je sais faire

Connaître la fête nationale

- Le **14 juillet** est un jour férié qui commémore le 14 juillet 1789 (date de la prise de la prison de la Bastille à Paris par les habitants). La France célèbre sa fête nationale ce jour-là en organisant :
  – un **défilé militaire** sur les Champs Élysées à Paris ;
  – des **feux d'artifice** ;
  – des **bals**.
- Lors de ces différentes cérémonies, on chante l'hymne national : **La Marseillaise**.

Je m'entraîne

1 ★ **Retrouve le drapeau français et entoure-le.**

2 ★★ **Colorie en bleu les symboles de la République.**

le drapeau tricolore	la monnaie	la fête nationale	la Marseillaise	le Code de la route

3 ★★ **Coche les moments pendant lesquels tu peux entendre la Marseillaise.**

☐

☐

☐

☐

BILAN ★★★ **Complète le texte avec les mots qui conviennent : la Bastille – feux d'artifice – drapeaux – Marseillaise – fête nationale – défilés.**

En France, le 14 juillet c'est la .... On commémore la prise de .... en organisant des .... militaires et des .... On chante la .... et on agite des .... tricolores.

CORRIGÉS → LIVRET PARENTS p. 20

LE VIVANT

1 Les animaux

LE COIN DES PARENTS

Votre enfant apprend les premières caractéristiques du vivant à travers les particularités des animaux.

Je retiens

Naissance et développement

- Certains animaux naissent en sortant du **ventre de leur mère** (les chatons, les chiots), d'autres en sortant d'un **œuf** (les oiseaux, les tortues, les poissons).

- La plupart du temps, les parents **s'occupent** de leurs petits après la naissance et les protègent (les chevaux, les vaches, les oiseaux). Il arrive qu'ils les laissent **grandir seuls** (les tortues, les lézards).

Nourriture

- Certains animaux mangent de la viande : ce sont des **carnivores** (le lion, le loup). D'autres mangent des plantes ou des graines : ce sont des **herbivores** (la vache, le lapin). D'autres enfin, mangent de tout : ce sont des **omnivores** (le cochon).

Je sais faire

Comprendre le cycle de vie d'un oiseau

❶ Le mâle et la femelle **s'accouplent**.

❷ La femelle **pond des œufs** d'où vont sortir les petits.

❸ Le mâle et la femelle **nourrissent les petits**.

❹ Les petits **quittent le nid** ; ils auront à leur tour des petits.

Je m'entraîne

1 ★ Relie les parents à leur petit, puis à la façon dont il vient au monde.

le coq et la poule	le caneton	
la taureau et la vache	le lionceau	sort d'un œuf
le lion et la lionne	le veau	sort du ventre de sa mère
le canard et la cane	le poussin	

2 ★ Relie chaque animal à ce qu'il mange.

de la viande

des graines

de l'herbe

BILAN ★★ Coche la bonne réponse.

Le poussin naît à partir d'un œuf.	☐ Vrai	☐ Faux
Le cheval est un animal carnivore.	☐ Vrai	☐ Faux
La plupart des animaux ne s'occupent pas de leur petits.	☐ Vrai	☐ Faux
Un animal omnivore mange de tout.	☐ Vrai	☐ Faux

CORRIGÉS → LIVRET PARENTS p. 21

LE VIVANT

2 Les plantes

LE COIN DES PARENTS

Après les animaux, votre enfant enrichit ses connaissances sur le vivant en apprenant les caractéristiques des plantes.

Je retiens

Naissance et développement

- Mis en terre, une **graine**, un **noyau** ou un **pépin** donne naissance à une plante. La plante grandit, donne des **fleurs**, puis des **fruits**. Les fruits contiennent une ou plusieurs graines qui, à leur tour, donnent de nouvelles plantes.

Besoins de la plante

- Pour vivre et se développer, une plante à feuilles vertes a besoin d'eau (par l'arrosage ou la pluie), d'**air**, de **lumière**, de **chaleur** et d'**aliments** qu'elle puise dans le sol.

Je sais faire

Comprendre le cycle de vie d'une plante

Ce dessin te montre le cycle de vie d'un marronnier.

1. Un marron est tombé sur le sol.
2. Le marron germe dans le sol.
3. Un jeune marronnier pousse.
4. Le marronnier est adulte et fleurit.
5. La fleur de marronnier s'ouvre.
6. La fleur se fane et le marron apparaît dans sa coque verte.

* Avoir les pouces verts : avoir du talent pour faire pousser les plantes.

Je m'entraîne

1 ★ **Mets les dessins dans le bon ordre en les numérotant de 1 à 5.**

....

2 ★★ **Complète le texte avec ces mots :** aliments – air – se développer – pluie – soleil – eau.

Pour vivre et ...., une plante a besoin d'........................ (par l'arrosage ou la ....), d'........................ (celui que nous respirons), de lumière, de chaleur (celle du .... par exemple) et d'.. qu'elle puise dans le sol.

BILAN ★★★ **Relie chaque plante (fleur, légume, fruit) à ce qui lui donne naissance. Fais des recherches si nécessaire.**

radis •		• tomate
raisin •	• pépin •	• pêche
pomme •	• noyau •	• salade
prune •	• graine •	• cerise
avocat •		• carotte

CORRIGÉS → LIVRET PARENTS p. 21

LE VIVANT

3 Être en bonne santé

LE COIN DES PARENTS

Votre enfant identifie les comportements bénéfiques pour bien se développer physiquement et intellectuellement : l'équilibre alimentaire, l'activité physique, l'hygiène et le sommeil.

Je retiens

Les principales règles d'hygiène

- **La propreté**

  Tiens ton corps propre pour éviter les maladies.
  Brosse-toi les dents régulièrement.
  Soigne tes petites blessures.

- **La nourriture**

  Mange des aliments variés pour grandir, travailler et faire du sport.

- **La journée et la nuit**

  Prends toujours tes repas à la même heure.
  Couche-toi tôt pour bien dormir et reprendre des forces.

Je sais faire

Choisir les bons aliments pour être en forme

- On peut classer les aliments en **7 grandes familles**. Pour avoir une alimentation équilibrée, il faut manger tous les jours un peu de tout et boire de l'eau.

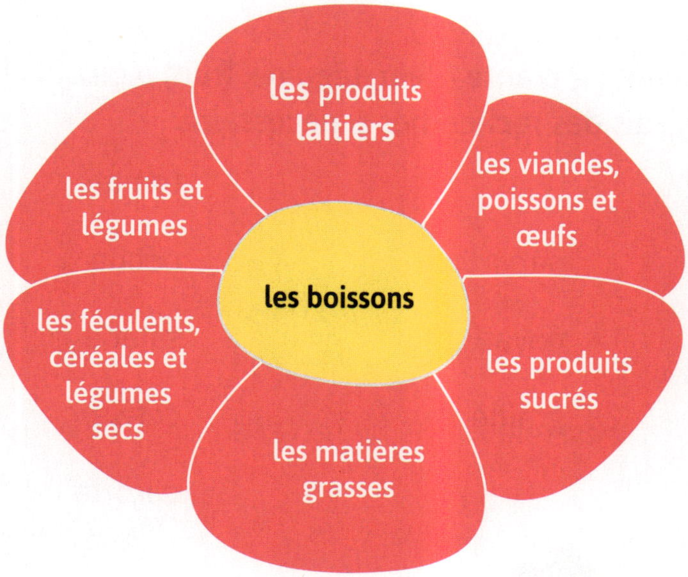

Je m'entraîne

1 ★ **Relie chaque partie du corps au bon geste de propreté.**

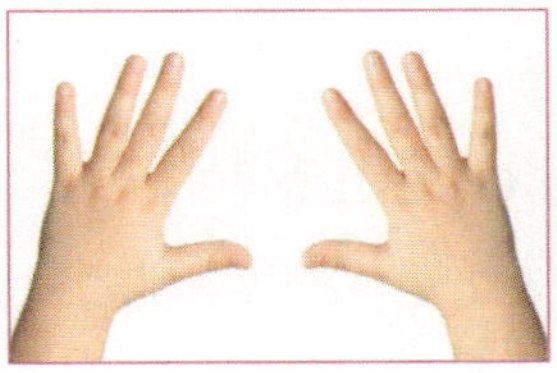 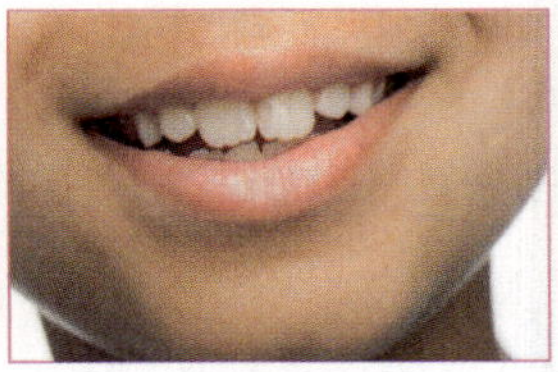 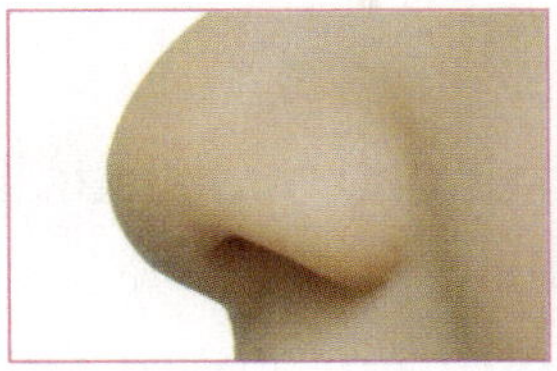 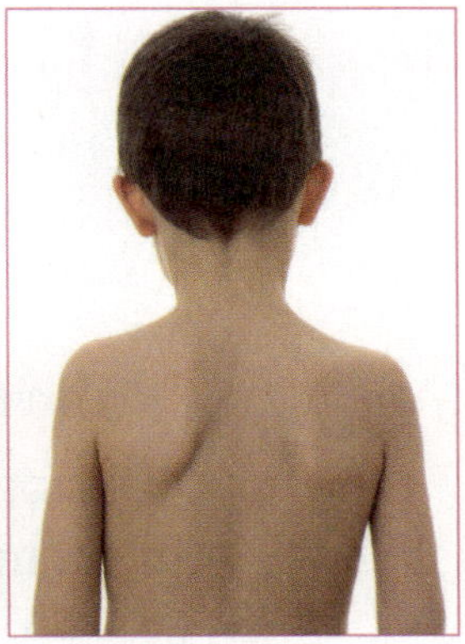

   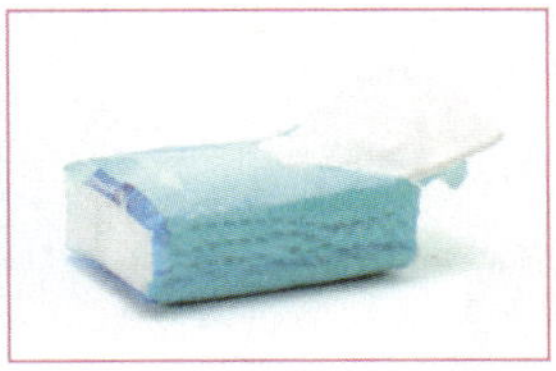

2 ★★ **Entoure les aliments qu'il faut manger tous les jours pour être en bonne santé et barre ceux qu'il faut manger en petite quantité.**

BILAN ★★ **Complète les phrases avec ces mots :** coucher – laver – manger – bouger.

Je dois me .... tôt le soir.

Il faut .... des fruits et des légumes tous les jours.

Je dois me .... les dents matin et soir.

.... , c'est mieux que de rester devant la télévision ou les jeux vidéo.

CORRIGÉS → LIVRET PARENTS p. 21

4 Solides et liquides

LE COIN DES PARENTS
Votre enfant apprend à distinguer les liquides des solides, et en particulier à identifier les produits en poudre comme étant des solides malgré leur capacité à couler comme les liquides.

Je retiens

Les solides

- On reconnaît un solide, car il a une **forme**. Un solide peut être **dur** ou **mou**.
- On peut **déformer**, **couper** ou **casser** un solide.

Les liquides

- On reconnaît un **liquide**, car il n'a pas de forme : il **prend la forme** du récipient dans lequel il se trouve (ou il coule).
- Lorsqu'un **liquide** ne coule pas, sa surface est toujours **horizontale**.

Je sais faire

Utiliser d'autres méthodes pour reconnaître un solide

Exemple : le sable

❶ **Observe.**

Tu peux faire **couler** du sable entre tes doigts, comme un liquide.

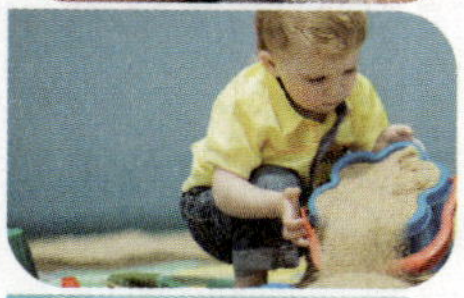

Tu peux **remplir** un seau avec du sable, comme un liquide.

Tu peux **former un tas** avec du sable ou le saisir entre tes doigts, ce que tu ne peux pas faire avec un liquide.

❷ **Conclus** : tu peux en déduire que **le sable est un solide**.

Je m'entraîne

1 ★ **Relie chaque image à l'étiquette qui lui correspond.**

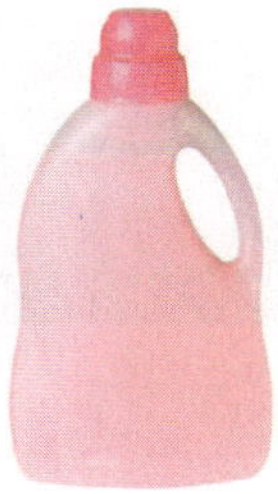

récipient renfermant un solide

récipient renfermant un liquide

2 ★ **Entoure les liquides dans chaque liste.**

assiette – orange – essence – stylo – sel

gomme – bonbon – jus d'orange – livre – lait

soupe – brique – table – vinaigre – galet

BILAN ★★ **Coche la bonne réponse.**

Chocolat en poudre	☐ Liquide	☐ Solide
Jus de pomme	☐ Liquide	☐ Solide
Ballon	☐ Liquide	☐ Solide
Huile	☐ Liquide	☐ Solide
Morceau de bois	☐ Liquide	☐ Solide
Cahier	☐ Liquide	☐ Solide

CORRIGÉS → LIVRET PARENTS p. 21

5 Les changements d'état de l'eau

LE COIN DES PARENTS
Votre enfant s'initie à la démarche scientifique à travers une expérience simple de solidification de l'eau. Il découvrira l'état gazeux de l'eau en CE2.

Je retiens

Les différentes formes de l'eau

- Dans la nature, l'eau se trouve le plus souvent sous forme **liquide** : la pluie, les rivières, les lacs, les mers.
- L'eau peut aussi se trouver sous forme **solide** comme la glace, la neige et la grêle.
- L'eau liquide peut se transformer en eau solide quand il fait très froid, puis redevenir de l'eau liquide quand la température se réchauffe. On dit alors qu'il y a un **changement d'état de l'eau**.

Je sais faire

Transformer l'eau en glace à la maison

1. Place un bac à glaçons rempli d'eau dans le congélateur.
2. **Observe** le contenu du bac deux heures après. Que constates-tu ?
   L'eau s'est transformée en glaçons.
3. **Conclus.**
   Le froid transforme l'eau en glace.

Transformer la glace en eau à la maison

1. Place un verre rempli de glaçons sur la table de la cuisine.
2. **Observe** le contenu du verre deux heures après. Que constates-tu ?
   Les glaçons se sont transformés en eau.
3. **Conclus.**
   La chaleur transforme la glace en eau.

Je m'entraîne

1 ★ **Complète avec solide ou liquide.**

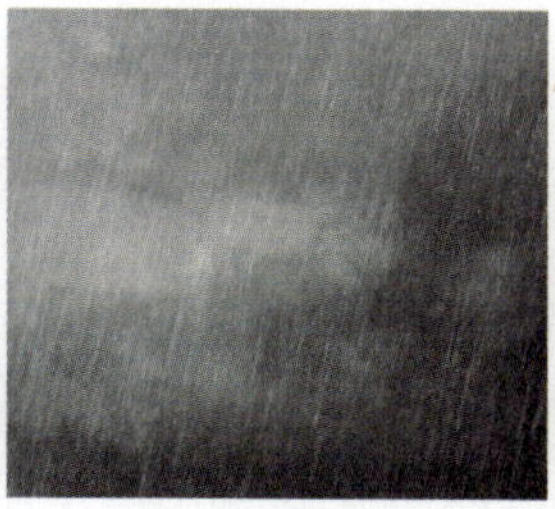

état	état	état	état ....

2 ★★ **Numérote ces verres de 1 à 4 en respectant l'ordre de la fonte des glaçons.**

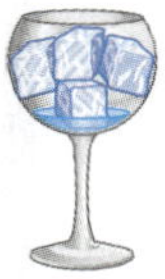

....

3 ★★ **Relie comme il convient.**

a. Dans la nature, l'eau se transforme en glace le plus souvent •

- • au printemps.
- • en automne.
- • en hiver.

b. Quand il fait très froid, la pluie se transforme •

- • en neige.
- • en eau

c. Dans les océans, les icebergs se transforment doucement •

- • en glace.
- • en eau.

BILAN ★★★ **Coche la bonne réponse.**

L'eau est toujours liquide.	☐ Vrai	☐ Faux
Un glaçon, c'est de l'eau.	☐ Vrai	☐ Faux
L'eau se transforme en glace quand il fait chaud.	☐ Vrai	☐ Faux
Les icebergs sont de l'eau solide.	☐ Vrai	☐ Faux

CORRIGÉS → LIVRET PARENTS p. 21

LA MATIÈRE

6 L'air

LE COIN DES PARENTS

Votre enfant complète ses connaissances sur la démarche scientifique en l'appliquant aux caractéristiques de l'air : il est invisible, il est présent partout autour de nous, il peut faire bouger des objets.

Je retiens

L'air est invisible

- Il y a de l'air **tout autour de nous.**
- On **sent sa présence** quand on agite un livre, un cahier ou un éventail devant son visage.

L'air se déplace

- Le vent qui déplace les feuilles des arbres, qui pousse la fumée des cheminées ou qui fait avancer les nuages est de l'**air en mouvement**.

Quelques utilisations de l'air

- L'air en mouvement **gonfle les voiles** d'un bateau, **fait tourner les hélices** des éoliennes.
- Un ballon ou le pneu d'une bicyclette sont **gonflés** avec de l'air.

Je sais faire

Mettre en évidence l'existence de l'air

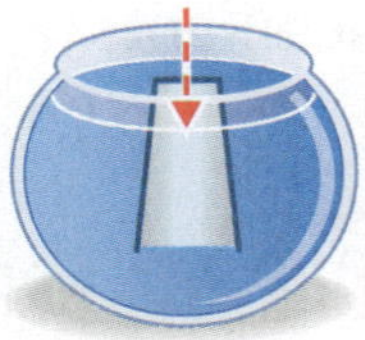

1. Place un verre vide dans un bocal rempli d'eau en le renversant bien droit.
2. **Observe.** Que constates-tu ?
   L'eau n'entre pas dans le verre.
3. Incline tout doucement le verre sous l'eau.
   Observe. Que constates-tu ?
   Des bulles d'air s'en échappent. L'eau prend alors la place de l'air.

4. **Conclus.**
   Les récipients qui paraissent vides sont remplis d'air.

Je m'entraîne

1 ★ **Colorie les objets qui utilisent l'air pour fonctionner.**

2 ★ **Indique par une flèche la direction prise par la balle de ping-pong quand l'enfant souffle dans la paille.**

3 ★★ **Réalise l'expérience suivante.**

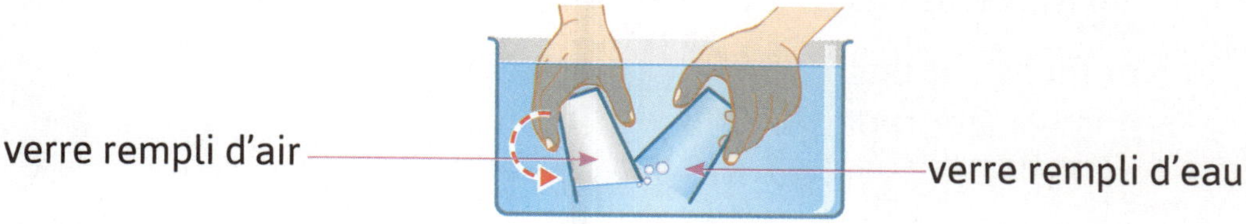

Que se passe-t-il lorsque tu inclines le verre rempli d'air ?

....

....

Complète la phrase avec les mots suivants : air – eau.

Lorsqu'on incline le verre rempli d'air, le verre rempli d'eau se vide d'.................... et se remplit d'.................... .

BILAN ★★ **Réponds par vrai ou faux.**

L'air est présent partout.	☐ Vrai	☐ Faux
Le vent, c'est de l'air.	☐ Vrai	☐ Faux
Il y a de l'air dans un verre rempli d'eau.	☐ Vrai	☐ Faux
Le parachute utilise l'air pour fonctionner.	☐ Vrai	☐ Faux

CORRIGÉS → LIVRET PARENTS p. 21

LA MATIÈRE

7 L'électricité

LE COIN DES PARENTS

Votre enfant apprend que de nombreux objets fonctionnent grâce à l'électricité et que celle-ci peut être produite par différentes sources. Il acquière également les règles élémentaires de sécurité électrique.

Je retiens

Les objets électriques

- Nous utilisons tous les jours des objets électriques. Pour fonctionner, ces objets sont alimentés en électricité grâce à :

un fil électrique branché sur une prise de courant

une batterie sans fil

des piles

Je sais faire

Connaître les dangers de l'électricité

Je m'entraîne

1 ★ **Pour chaque paire, barre l'objet qui ne fonctionne pas à l'électricité.**

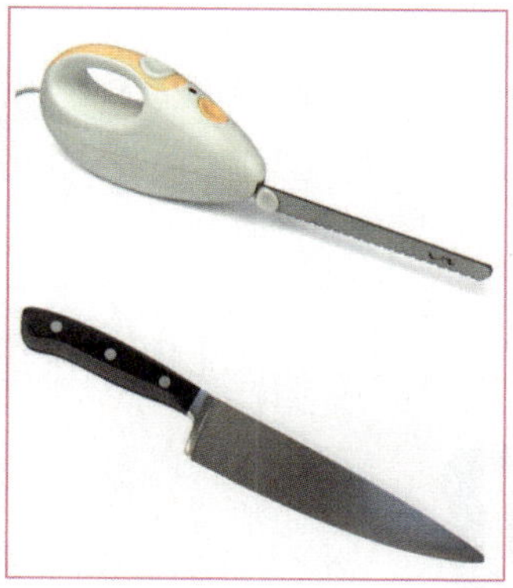
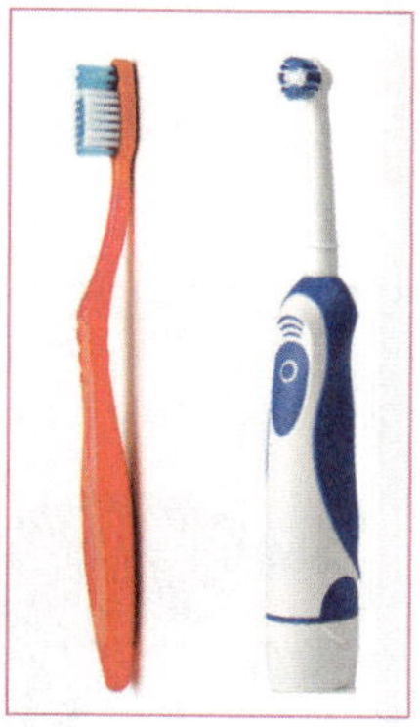
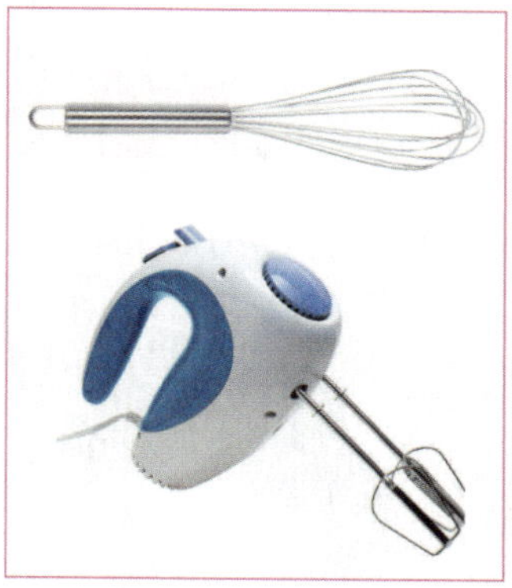

2 ★★ **Relie chaque objet à sa source d'énergie.**

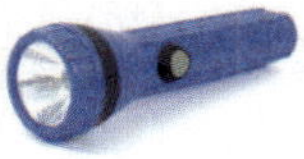
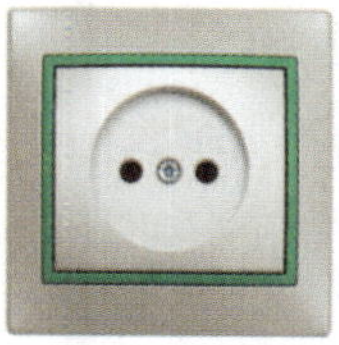

BILAN ★★★ **Relie chaque devinette à sa réponse.**

Grâce à moi, ton ordinateur et ta télévision fonctionnent. •	• Le fil électrique
Je sers à relier un appareil électrique à la prise de courant. •	• La prise électrique
On me place dans un objet pour fournir de l'électricité. •	• L'électricité
Il ne faut jamais mettre ses doigts dedans. •	• L'ampoule
J'éclaire quand la lampe est branchée. •	• Une pile

CORRIGÉS → LIVRET PARENTS p. 21

ANGLAIS

1 Saluer, se présenter

LE COIN DES PARENTS

Votre enfant peut rencontrer la forme contractée **What's your name?**. Mais au CP, les formes longues comme **What is your name?** permettent une meilleure compréhension.

Je retiens

- Voici comment deux personnes se saluent :

Je sais faire

Savoir saluer

- Pour dire **Bonjour**, tu peux utiliser **Hello!**
- Pour dire **Au revoir**, tu peux utiliser **GoodBye!**

Savoir se présenter

- Pour demander à quelqu'un comment il s'appelle, pose la question : **What is your name?** *(Quel est ton nom ?)*
- Pour répondre, utilise : **My name is...** *(Mon nom est...)*.

Je m'entraîne

1 ★ **Colorie les étiquettes des mots hello et goodbye.**

hobby	help	hello	goodnight	goodbye

2 ★★ **Complète avec le prénom qui convient.**

My name is ....

My name is ....

3 ★★★ **Relie le personnage à la bonne phrase.**

Ethan • Ava • Harry •

• My name is Harry. • My name is Ethan. • My name is Ava.

BILAN ★★★ **Complète avec :** Goodbye – Hello – What is your name?

Hello! ....
....

..................................!
My name is Thomas.

Goodbye!

..................................!

CORRIGÉS → LIVRET PARENTS p.22

ANGLAIS

2 Les nombres, dire son âge

LE COIN DES PARENTS

Il existe plusieurs façons de dire son âge : **I am six, I'm six, I'm six years old.** Ici, c'est la forme la plus simple et la plus utilisée dans les conversations qui est présentée.

Je retiens

- Voici les nombres jusqu'à 10 :

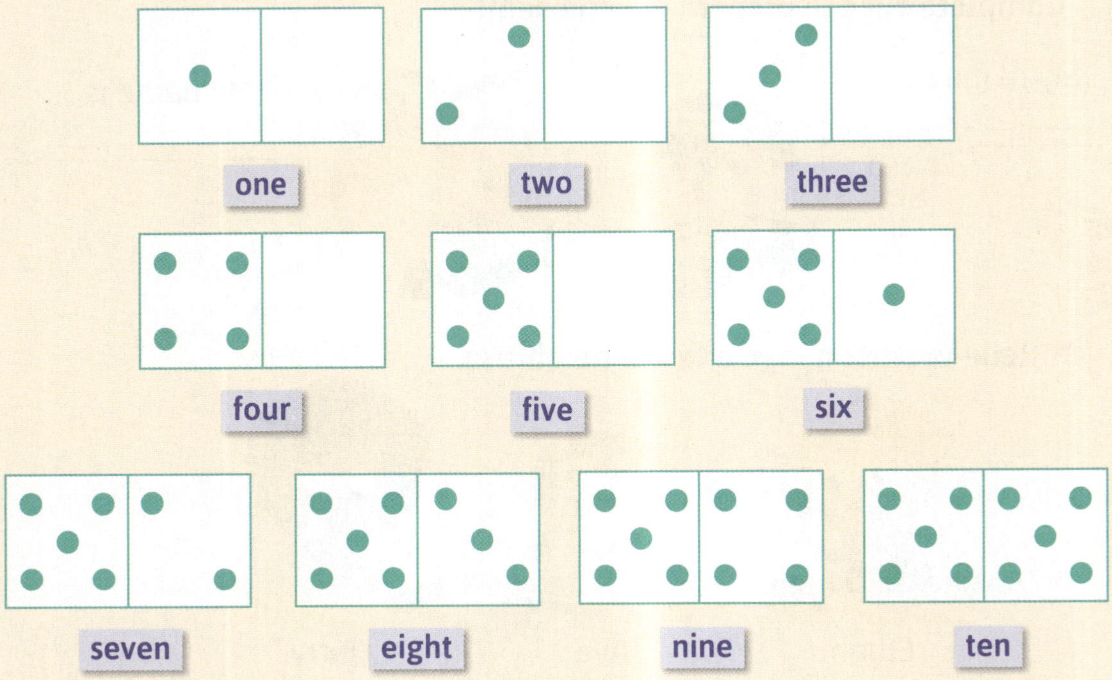

Je sais faire

Dire son âge

- Pour demander l'âge de quelqu'un, pose la question : **How old are you?** *(Quel âge as-tu ?)*.
- Pour dire ton âge, répond : **I am ...** *(J'ai ... ans)* en complétant avec le nombre qui convient.

Je m'entraîne

1 ★ **Relie les nombres en chiffres à leur écriture en lettres.**

10	ten	2	eight	two	8	1	one

2 ★★ **Relie chaque dessin à la phrase qui correspond.**

I am seven. I am three. I am nine.

3 ★★★ **Dessine les bougies sur les gâteaux d'anniversaire.**

I am four.

I am six.

BILAN ★★★ **Écris en toutes lettres l'âge des personnages.**

I am ....

I am ....

CORRIGÉS → LIVRET PARENTS p. 22

ANGLAIS

3 Les animaux

LE COIN DES PARENTS

I have se rencontre aussi sous la forme contractée **I've**. On ajoute **got** pour préciser que le verbe a ici le sens de « posséder ».

Je retiens

- Voici le nom de quelques animaux familiers :

Je sais faire

Dire quel animal on possède

- Pour demander à quelqu'un quel animal domestique il possède, utilise : **What pet have you got?** *(Quel animal domestique as-tu ?).*
- Pour répondre, utilise : **I have got a...** *(J'ai un ...).*

Je m'entraîne

1 ★ **Complète le nom des animaux avec les lettres qui manquent.**

a r bb t

a m se

a p rr t

2 ★★ **Relie chaque personnage à la phrase qu'il dit.**

I have got a cat. I have got a bird. I have got a horse.

3 ★★★ **Écris le nom de l'animal correspondant à l'indice.**

a ....

BILAN ★★★ **Complète la réponse de Peter.**

I have got 3 ....s, 2..................................s and
1 ....

ANGLAIS

4 Les couleurs

LE COIN DES PARENTS

Pour demander la couleur d'une chose à votre enfant, posez-lui la question : **What colour is it?** *(De quelle couleur est-il ?)*

Je retiens

- Voici comment on nomme les couleurs :

blue | green | pink

yellow | red | black

Je sais faire

Donner la couleur d'une chose ou d'un animal

- Pour décrire la couleur d'une chose ou d'un animal, tu dois mettre l'adjectif de couleur **devant le nom**.

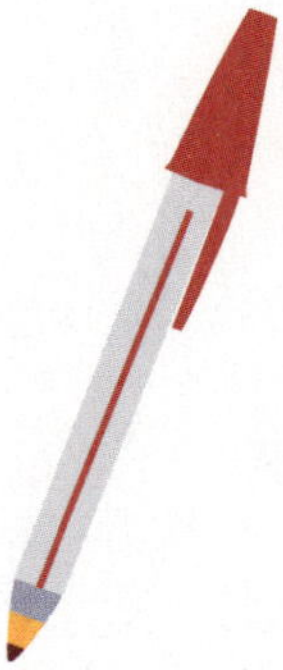

a red pen

a white cat

a blue car

Je m'entraîne

1 ★ **Colorie les mots de la bonne couleur.**

YELLOW PINK GREEN

2 ★★ **Entoure le dessin s'il correspond à la description.**

a green book

a red car

a black cat

3 ★★★ **Colorie le dessin en fonction de la description.**

pink

blue

yellow

BILAN ★★★ **Observe le dessin.**
Puis coche la case True (vrai) ou False (faux).

	True	False
3 yellow dogs		
1 red cat		
1 green parrot		
4 pink rabbits		

CORRIGÉS → LIVRET PARENTS p. 22

Crédits photographiques

p. 47 © Nathan. **p. 48** © phant/Adobe Stock. **p. 49** © ondrejprosicky/Adobe Stock. **p. 56** © shishirbansal/Adobe Stock. **p. 57** © thongsee/Adobe Stock. **p. 120** © mozzz/Adobe Stock ; © Laurentiu Lordache/Adobe Stock. **p. 124** © Tommy Lee Walker/Adobe Stock ; © n_defender/Shutterstock ; © Stastny_Pavel/Shutterstock. **p. 126** © s4svisuals/Adobe Stock ; © travelview/Adobe Stock. **p. 127** © Cheyenne ; © ursule/Adobe Stock. **p. 128** © Carole Castelli/Adobe Stock ; © marcociannarel/Adobe Stock ; © BIS/Béatrice Preve ; © BIS/Jan van des Hoeven. Coll. archives Sejer. **p. 129** © jasckal/Adobe Stock ; © mario/Adobe Stock ; © Jérome Delahaye/Adobe Stock ; © Olympixel/Adobe Stock ; © Kara/Adobe Stock ; © Frédéric Prochasson/Adobe Stock ; © Photocolorsteph/Adobe Stock. **p. 130** © timages/Adobe Stock. **p. 132** © WavebreakmediaMicro/Adobe Stock. **p. 133** © Eléonore H/Adobe Stock ; © contrastwerkstatt/Adobe Stock. **p. 134** © jojojo07/Adobe Stock ; © pugstudio/Adobe Stock ; © Teleline/Adobe Stock ; © thostr/Adobe Stock ; © janista/Shutterstock. **p. 136** © Jackin/Adobe Stock ; © Melinda Nagi/Shutterstock. **p. 137** © Atlantis/Adobe Stock ; © Catherine Clavery/Adobe Stock ; © scorcom/Adobe Stock ; © Claudio Divizia/Adobe Stock ; © FamVeld/Shutterstock ; © DreamSlamStudio/Shutterstock ; © 120bpm/AdobeStock ; © Salty View/Shutterstock. **p. 138** © Fotomatrix/Adobe Stock ; V.P.I/Shutterstock ; © pwollinga/Adobe Stock ; © Nataraj/Adobe Stock ; © Eric Isselée/Adobe Stock. **p. 139** © kamonrat/Adobe Stock ; © Oleg Zhukov/Adobe Stock ; © Eric Isselée/Adobe Stock ; © Anatolii/Adobe Stock. **p. 141** © amenic181/Adobe Stock. **p. 143** © alexandro900/Adobe Stock ; © guy/Adobe Stock ; © Illustrez-vous/Adobe Stock ; © dbrus/Adobe Stock ; © Eisenhans/Adobe Stock ; © design56/Adobe Stock ; © donfiore/Adobe Stock ; © slp_london/Adobe Stock ; © StockPhotoArt/Adobe Stock ; © puckillustrations/Adobe Stock ; © Denys Prykhodov/Adobe Stock ; © rufar/Adobe Stock ; © matka_Wariatka/Adobe Stock ; © baibaz/Adobe Stock ; © robynmac/Adobe Stock. **p. 144** © photobyevgenya/Adobe Stock ; © BlueOrange Studio/Adobe Stock ; © Moving Moment/Adobe Stock ; © Gudellaphoto/Adobe Stock ; © freepeoplea/Adobe Stock ; © Viktor/Adobe Stock ; © Lysenko. A/Adobe Stock ; © Cipariss/Adobe Stock ; © Aliaksei/Adobe Stock ; © Aalf Caestecker/Adobe Stock ; © eloleo/Adobe Stock. **p. 145** © scottlitt/Adobe Stock ; © tkphotography/Adobe Stock ; © eversummer/Adobe Stock. **p. 146** © johnsroad7/Adobe Stock ; © Benjamin Huseman/Adobe Stock. **p. 147** © Uzfoto/Adobe Stock ; © geargodz/Adobe Stock ; © Olivier Tabary/Adobe Stock ; © photlook/Adobe Stock. **p. 150** © karandaev/Adobe Stock ; © ALF photo/Adobe Stock ; © maxximmm/Adobe Stock. **p. 151** © Coprid/Shutterstock ; © BIS/Guido Vrola ; © Kavring/Adobe Stock ; © Kreatorex/Adobe Stock ; © Jamroenjaiman ; © BIS/Arsdigital ; © stockcrafter/Adobe Stock ; © Sviatlana/Adobe Stock ; © Flower studio/Adobe Stock ; © Elnur/Adobe Stock ; © maxximmm/Adobe Stock ; © DenisNata/Adobe Stock ; © Gresei/Adobe Stock ; © amphotolt/Adobe Stock ; © Olga Kovalenko/Adobe Stock ; © imstock/Adobe Stock.

Édition : Elsa Jourdan
Création maquette : Frédéric Jély
Création couverture : Jean-Marc Denglos
Mise en pages : CB Defretin
Infographie et cartographie : Vincent Landrin

 – ISBN 978-2-04-740130-9
N° de projet : 10286202 – Code éditeur : 117669 – Dépôt légal : janvier 2023
Imprimé en France par Pollina en janvier 2023, imprimeur certifié IMPRIM'VERT

Les premiers sons

a

une abeille
un pirate

u

une fusée
une ruche

i

une cerise
un stylo

e

un renard
un cheval

p

une tulipe
un papillon

b

un bateau
un cube

t

une voiture
une tasse

d

un dauphin
un radis

o

un robot
un crapaud
un manteau

l

un crocodile
une licorne

n

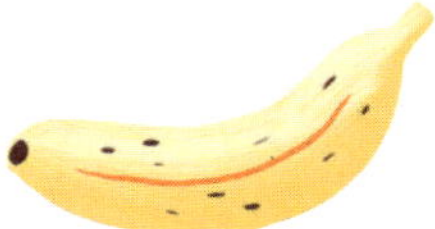

une banane
un nounours

r

une souris
un livre

m

un magicien
une fourmi

é

une médaille
un éventail

è

une règle
une fraise
une baleine
une pêche

eu

une fleur
un feu